Thomas Rottenberg
Einfach extrem – Sepp Resnik

# Einfach extrem

# Sepp Resnik

Ein Porträt
von Thomas Rottenberg

Residenz Verlag

Bibliografische Information der Deutschen Bibliothek
Die Deutsche Bibliothek verzeichnet diese Publikation in der Deutschen Nationalbibliografie; detaillierte bibliografische Daten sind im Internet über http://dnb.ddb.de abrufbar.

www.residenzverlag.at



Fotos: Sepp Resnik privat
Umschlaggestaltung: Ramona Scheiblauer
Umschlagbild: Lukas Beck
Grafische Gestaltung/Satz: dietrich + wolf, www.typic.at
Lektorat: Afra Margaretha
Gesamtherstellung: Pfeifer Druck und Media

ISBN 10 3-7017-3024-5
ISBN 13 978-3-7017-3024-7

# Inhalt

Ich widme dieses Buch meiner Frau Manuela.
Sie hat diesen Weg aus eigenem Wunsch angenommen und beschritten!

# Zum Geleit

Am Anfang standen der Wunsch und das unbändige Verlangen nach seiner Realisierung, die Tat! Es dauerte einige Zeit, um die notwendige Erfahrung zu erlangen, um all diese Schritte selbst machen zu können. Unvergessen sind für mich die Generationen, welche die Rahmenbedingungen geschaffen haben, damit ich über Jahrzehnte sorgenlos meinen Träumen nachgehen konnte. Dazu war es nicht erforderlich, den Sieg als das Ziel zu betrachten.

Wichtiger war es mir, aus der Niederlage zu lernen und wieder und wieder aufzustehen. Ich musste lernen, damit auszukommen, was meine fünf Sinne, mein Körper und mein Geist, mir ermöglichen. Irgendwann war ich so weit, ganz persönliche Ziele festlegen zu können und vielleicht ernten zu dürfen. Bescheidenheit und Demut waren meine ständigen Begleiter, immer in dem Bewusstsein, subjektiv betrachtet, GOTT mit einzubeziehen, denn er, so glaube ich, gestattet einem Menschen wie mir, die Dinge fertigzubringen. Hass, Neid und die Meinung anderer waren die Dornen auf meinem Weg. Irgendwann fand ich einen Seelenverwandten namens Thomas Rottenberg, der versuchte, mich zu verstehen, und das über das normale Maß hinaus.

Ich freue mich auf die Verarbeitung unserer unzähligen Gespräche. Letztlich bleibt nicht der materielle Gewinn, sondern der Umstand, der Zufriedenheit einen kleinen Schritt näher gekommen zu sein – und die Hoffnung, dass jeder Mensch in unserem Österreich in der Lage sein möge, seine Wünsche zu realisieren und mit der notwendigen Beseeltheit das allgemein Unmögliche zu überschreiten.

Ich glaube an Gott, an das Gute im Menschen und an die Welt, wobei ein Menschenleben bei weitem zu wenig ist, um vieles erleben und erfahren zu dürfen. Was bleibt, ist die Konzentration auf den Augenblick und in diesem alles zu geben.

Mehr ist für einen Menschen auf dieser wunderbaren Welt nicht möglich.

Sepp Resnik, September 2006

# Anstelle eines Vorworts

Da wäre noch die Sache mit dem Hund. Der ist den Resniks nämlich zugelaufen. Im Frühling 2006, bei einem dieser Beinahe-Unendlich-Marathons. Der Beinahe-Unendlich-Lauf fand in Griechenland statt – und die Resniks haben den Hund zuerst lieb gewonnen und dann mit nach Österreich genommen. Natürlich ohne Papiere. Aber auch ohne den Hund zu verstecken. Als sie dann mit dem Auto über die ungarische Schengengrenze in die EU wollten, haben die Grenzer das nicht super gefunden: Das sei unmöglich. Der Hund müsse draußen bleiben. Vorschrift. Punkt.

Daraufhin hat Sepp Resnik sein Zelt aus dem Auto geholt und im Niemandsland aufgebaut: Er würde, sagte er dem Grenzer, dort bleiben, wo sein Hund sei – wenn es sein müsse, drei, vier oder acht Wochen. Er halte das durch. Und Manuela würde einstweilen nach Österreich fahren und Zeitungen anrufen.

Der Grenzer schluckte – und sein Vorgesetzter lenkte ein: Die Resniks sollten doch ein paar hundert Meter zurückfahren – und dann noch einmal an den Schlagbaum kommen. Und siehe da: Beim zweiten Versuch sah niemand den Hund. Natürlich ganz zufällig. Der Hund hat mittlerweile alle Impfungen und Papiere. Er heißt Bubi.

Warum das hier steht? Weil es symptomatisch dafür ist, wie Sepp Resnik »funktioniert«: Er reagiert auf »Das ist unmöglich«. Zuverlässig. Resnik beweist, dass es »unmöglich« nicht gibt. Dass es doch geht. Mit Ausdauer, Konsequenz und einer ziemlich großen Portion steirischer

Sturheit. Das war 1984 so, als er als erster Österreicher den Ironman in Hawaii absolvierte. Das war bei Resniks – bisher – drei Fahrten rund um die Welt nicht anders. Und das wird bei seiner vierten Weltreise auch so sein: Man sagt, dass das nicht zu schaffen ist – Sepp Resnik radelt los. Obwohl er schon jetzt weiß, dass man ihm auch diesmal nachher nicht glauben wird. Nicht zuletzt, weil das, was er tut, für die meisten Menschen in die Kategorie »unmöglich« fällt – und Resnik sich schlichtweg weigert, sein Denken und Handeln dem Postulat der Beweisbarkeit zu unterwerfen.

Das liegt an der Persönlichkeit des Sepp Resnik. Einer wie Resnik ist nie ein einfacher Typ. Ganz im Gegenteil: Er fasziniert nicht nur – er polarisiert. Darum gilt Sepp Resnik als Pionier und Scharlatan. Gleichzeitig. Auch als Träumer und Egoist. Als naiv, gutgläubig, zynisch, herzlich und berechnend. Als Spinner, Leistungsfanatiker, Extremist, Draufgänger, Abenteurer und Hochstapler. Und als einer, über dessen sportliche Leistungen zu schreiben »unmöglich« ist. Mehr noch: Resnik selbst gilt als »unmöglich«. Weil er nicht ins Schema passt. Weil er anders tickt, anders lebt, anders erzählt und anders zuordnet. Auch, weil er das, was ihm nicht wichtig scheint, vergisst. Und mitunter einfach auslässt.

So jemanden zu porträtieren, zu beschreiben oder zu interviewen, sei – sagten mir die, die es immer gut mit einem meinen – im Vorhinein »unmöglich, absolut unmöglich«. In jeder Hinsicht. Schon deshalb war es den Versuch wert.

Thomas Rottenberg, September 2006

# Wie alles begann

## Kindheit

Am Anfang war das Rad. Sepp Resnik wollte schon als Kind Rennen fahren. Die Österreichrundfahrt oder den Giro, am liebsten gleich die Tour de France. Aber im Grunde wusste Sepp Resnik schon mit sieben Jahren, dass das alles nicht das Echte, das Richtige, das Wahre ist. Der Bub Sepp wollte mehr. Immer schon.

Das wäre eine passende Legende, die Geschichte von dem kleinen Buben, der davon träumt, mit dem Rad um die Welt zu fahren. Und sogar schon im Stützräderalter dafür trainierte und davon schwärmte. Nur: Das stimmt nicht. Und deshalb fangen wir noch einmal von vorne an.

Sepp Resnik ist ganz normal aufgewachsen: Er kam am 23. August 1953 in Graz zur Welt. Als er gerade in die Volksschule gekommen war, zog die Familie von der steirischen Landeshauptstadt nach Feldbach, eine typische mittelkleine Stadt mit eigenem Gericht und einem eigenen Gefängnis. Das Gefängnis ist wichtig. Vielleicht sogar ein Schlüssel, obwohl Resnik selbst das nie so nennen würde: »Mein Vater war dort halt der Kerkermeister«, sagt er und findet das nicht einmal besonders witzig. Das war halt so, Punkt. Der Vater, Josef Resnik, war Gerichtsvollzieher und Justizvollzugsbeamter. Die Familie lebte in einer Dienstwohnung im Gerichtsgebäude, und nach der Schule tat Sepp, was Tausende anderer Kinder in seinem Alter auch taten: dem Papa beim Arbeiten zuschauen – nur waren die anderen Väter eben Bäcker, Bauern oder Schuhmacher.

»Ich habe ihm die Aktentasche getragen. Und das echte Leben kennen gelernt: Ich habe gewusst, was eine Delogierung ist. Oder ein Raub. Oder ein Mord – das war für mich normal«, sagt Resnik. Denn dass ihm als nicht einmal Zehnjährigen eine Seite des Lebens gezeigt wurde, die andere Eltern vor ihren Kindern tunlichst verbergen wollen, war ihm damals nicht bewusst. Er findet es auch bis heute nicht falsch: Ohne dass der Vater es bewusst geplant hätte, sagt Resnik heute, habe dieser Gefängniswärter seinen Kindern damit vor allem eines mit auf den Weg gegeben: »Respekt vor den Menschen. Egal welche Stellung, welche Herkunft oder welche Geschichte jemand hatte – mein Vater beherrschte die Kunst, auch einem vielfach vorbestraften Häftling seine Würde zu lassen und sich dennoch durchzusetzen.« Dazu später mehr.

Resniks Vater war kein Superpädagoge. »Wir waren eine ganz normale Familie. Jung und gesund. Und liebevoll«, erzählt Sepp Resnik. Durchaus im damals, in den 50er Jahren, üblichen Rahmen. Gut, Sepps Mutter, Gertrude Resnik, war erst 14, als sie mit Sepp schwanger wurde. Aber abgesehen davon war nichts Besonderes an Familie Resnik: Der Vater sah sich als Familienoberhaupt und brachte das Geld nach Hause.

»Nach heutigen Maßstäben war das eine patriarchalische Sache. Vielleicht auch autoritär – aber damals hat über solche Definitionen niemand nachgedacht.« Die Mutter besorgte den Haushalt, Sepp bekam einen Bruder Peter (1958) und als er 14 war, kam seine Schwester Eva zur Welt. »Wenn mir heute Psychologen an den Kopf werfen, dass ich aus einer desolaten Familie mit emotionalen Defiziten stammen müsse, weil ich ständig auf der Suche nach Selbstbestätigung bin, kann ich nur lachen«, erklärt Resnik, »das Einzige, was es nicht ausreichend gab, war Geld.

»Eine ganz normale, glückliche Familie« irgendwann in den 1950ern …

… als Sepp noch Seppi war.

Aber mein Vater hat es immer geschafft, dass das, was wir uns gewünscht haben oder brauchten, da war.«

Freilich gab es da eine Bedingung: Wenn etwas, was nicht alltagsnotwendig war, Geld kostete, mussten die Kinder die Hälfte davon selbst auf den Tisch legen. Und so lernte Sepp früh zu arbeiten: Als knapp Zehnjähriger begann er, Morgen für Morgen für einen Feldbacher Bäcker Semmeln auszufahren. »Ich bin jeden Tag um vier Uhr früh auf dem Rad gesessen«, sagt Resnik. Aber wenn daraus jemand einen Zusammenhang mit den Radtouren des erwachsenen Sepp Resnik herstellen will, lacht er: »Unsinn. Ich habe aber etwas gelernt: Ziele konsequent und diszipliniert zu verfolgen.«

Obwohl das so nicht ganz stimmt oder zumindest ein wenig präzisiert werden muss. Ziele verfolgte der junge Resnik konsequent, wenn sie ihn interessierten und zu 100 Prozent seine eigenen waren. Und Schule gehörte da zum Leidwesen des Vaters nicht unbedingt dazu: Sepp Resnik war kreativ, intelligent und talentiert – aber er hatte schon als Kind das, was man im Volksmund »Hummeln im Hintern« nennt: »Ich habe soviel Energie gehabt, dass ich nicht still sitzen konnte. Das, was die anderen in der Schule besprochen haben, hat mich überhaupt nicht interessiert. Ich war auf meine Art schon sieben Levels weiter – und habe den Lehrern bei Dingen, die mich nicht interessiert haben, auch gesagt, dass mich das alles nicht kratzt. Die konnten damit nicht umgehen.«

Heute gäbe es da gezielte Förderungsprogramme, aber in den 60er Jahren des 20. Jahrhunderts waren Typen wie Resnik einfach Störfaktoren. Und denen begegnete man mit Strafen und Schlägen – und mit Unverständnis: Wenn Resniks Schulkameraden nicht gelernt oder gearbeitet hatten, verdrückten sie sich. Oder versuchten, sich herauszureden. Aber dieser Bub – nebenbei der kleinste und schmächtigste seines Jahrganges – drückte sich nicht: Er saß da, sagte, was er nicht wollte, tat es auch nicht, fasste Strafen aus und fuhr verheerende Zensuren ein. »Ich habe immer in der Mitte des Schuljahres mitbekommen, dass ich das halbe Jahr schon wieder versäumt hatte – und habe mich dann irgendwie mit Ach und Krach durchgebracht.«

So schmächtig der Bub auch war, er steckte voll Vitalität: »Ich konnte mich nicht konzentrieren, weil mich mein Bewegungsdrang komplett deppert gemacht hat. Die Energie musste ich rauslassen. Nach der Schule. Beim Sport.«

Der Sport war ein Ventil. Resnik spielte Fußball, »eigentlich immer.« Zuerst beim SV Feldbach, dann – viel später, in den 70er Jahren, deshalb gehört das im Grunde gar nicht hierher – ein Jahr lang im Mittelfeld der Kampfmannschaft des österreichischen Erstligaklubs GAK. Sepp Resnik turnte aber auch: 1962 nahm er als einer von 4000 Knaben an der Bubenolympiade in Schieleiten in der Steiermark teil und holte sich die Goldmedaille im Bocksprung. Außerdem wurde Resnik Judoka: Mit zehn hatte er den braunen Gürtel und war steirischer Landeskampfrichter für die Erwachsenen. »Das war eine Zeit, da hat in der Steiermark noch keiner gewusst, was ein Kimono ist. Aber ich habe damals die Philosophie von Judo schon halbwegs verstanden: Ich war kein Raufer, sondern eher ein Ausweicher. Das hatte vielleicht mit dem zu tun, was ich in der Welt meines Vaters gesehen habe.« Und – ach ja – frühmorgens lieferte Sepp immer noch auf dem Rad Semmeln aus. Eigentlich hätte all das reichen müssen, um einen hyperaktiven präpubertären Bengel in den Griff zu bekommen. Oder? »Nein, das war nicht genug: Vor dem offiziellen Training am Nachmittag habe ich im Park mit den anderen Buben gekickt.«

Neben der Pflichtschule war da aber immer noch die Schule des Lebens, das Begleiten des Vaters. Ins Gefängnis zu gehen war für Resnik junior nichts Außergewöhnliches. Und ob sein Vater Dienstvorschriften verletzte, wenn er seinen Sohn mit den »Brüdern« zusammenbrachte, wusste Sepp nicht. Es interessierte ihn auch nicht: »Ich habe als Kind mit Leuten Kontakt gehabt, die Dinge erlebt und

Mit neun Jahren trägt er den braunen Gürtel: »Ich war kein Raufer, eher ein Ausweicher.«

Erstes Gold: 1962 bei der Bubenolympiade in Schieleiten (Disziplin: Bockspringen).

getan hatten, die ich nie erleben würde. Schläger, Mörder, Betrüger. Alles. Ich habe mit denen als Kind Freundschaft geschlossen. Man muss da natürlich differenzieren: Triebtäter und Kinderschänder sind ein anderes Kapitel – mit solchen Leuten hatte ich nie Kontakt. Aber als Kind genießt man im Gefängnis einen geradezu unheimlichen Schutz. Wenn ich das nicht selbst erlebt hätte, würde ich das nicht glauben. Aber ich glaube, dass das so eine Art Naturgesetz ist, dass Kinder heilig sind – und das gilt sogar noch bei Menschen, die sonst keine Gesetze achten.« Sein Vater, erzählt Resnik heute – und schwört, dass ihm die Erinnerung hier keinen Streich spielt – habe ihn sogar ein oder zwei Mal im Gefängnis vergessen: »Ich hab mit den Leuten Karten gespielt und es hieß ›Licht aus‹ – da hab ich dann halt auf einer Pritsche geschlafen, bis sie gemerkt haben, dass ich nicht zu Hause war.«

Ob derartige Erziehungsmethoden nun pädagogisch wertvoll oder verantwortungsloser Wahnsinn sind, bleibe dahingestellt. Fest steht, dass Resnik schon mit sieben oder acht Jahren einige Weltkenntnis erworben hat: »Ich habe damals gelernt, dass man nie Vorurteile haben soll. Auch ein Verbrecher kann ein wertvoller Mensch sein. Oder werden. Und es gibt keinen Ort auf dieser Welt mehr, der mich erschrecken oder überraschen könnte.«

Gleichzeitig, betont Resnik, könne ihm kein Ort und keine Situation mehr den Glauben an das Gute im Menschen nehmen: »Klar, wenn einer sieben Morde begangen hat, hat er sein Pensum wohl ausgereizt – aber ich erinnere mich zum Beispiel an die Weihnachtsfeiern, die mein Vater im Gefängnis organisiert hat.« Resnik nennt es »das Stille-Nacht-Gefühl«, um das es seinem Vater gegangen sei: ein Christbaum, behängt mit Zigaretten; Familie Resnik, die gemeinsam mit 400 Insassen im Halbkreis »Stille Nacht« sang, danach wurden die Zigaretten verteilt: »Ich habe Weihnachten nie wieder so intensiv erlebt wie an diesen Abenden, als schwer tätowierte Häfenbrüder Weihnachten wahrnahmen – weil man da auch ihnen mit Respekt begegnet ist. Ganz unabhängig von dem, was sie getan hatten. Das war es, was mein Vater konnte – und was ich von ihm hoffentlich gelernt habe.«

Was der Vater sich am meisten wünschte, konnte ihm der Sohn jedoch nicht geben. Der Traum des Gefängniswärters war es, dass Sepp die Matura schaffen sollte. Aber nach einem Jahr auf dem Gymnasium warf Sepp das Handtuch: »Ich habe die Konsequenz und die Disziplin einfach nicht gehabt. Ich konnte nicht sitzen und lernen: Unter mir hat es gebrannt.« Sepp wechselte in die Hauptschule und sollte danach eine Lehre machen. »Ich war künstlerisch unheimlich begabt. Mein Lehrer hätte sogar einen Platz für mich an der Kunstakademie in Graz aufgetrieben. Die hätten mich auch genommen, aber mein Vater meinte, dass Kunst nichts ist und nichts kann – und dass sein Sohn irgendwann Beamter werden solle.«

Als der nicht still sitzen könnende Sepp Resnik seine Lehre zum Bürokaufmann antreten soll, ist er so verzweifelt, dass er all seine Bilder und Zeichnungen verbrennt. Etwa 1000 dürften es gewesen sein – denn beim Malen, erinnert sich Resnik, habe er weder Stillsitz- noch Konzentrationsschwierigkeiten gehabt: »Das war die größte Niederlage meines Leben. Ich habe alles verbrannt, was mir damals wichtig war. Ich habe einfach nicht verstanden, wieso ich nicht weiter Malen sollte. Ich habe mit zwölf gewusst, wer van Gogh ist. Habe gewusst, welche Bilder wie und wo hängen – das war mein Leben und meine Liebe. Und damit sollte ich aufhören, um Bürokaufmann zu lernen? Ich war so verzweifelt, dass ich über Wochen nicht ansprechbar war.«

Sepp beugt sich trotzdem dem Wunsch des Vaters. Ein Jahr lang. »Das war so fad, dass ich geglaubt habe, ich komm um. Nach einem Jahr hab ich angefangen, mich zu wehren. Ich hab meinen Vater gefragt, ob er zustimmt, wenn ich schon mit 17 Jahren beim Bundesheer einrücke. Er hat dann nach einigem Zögern zähneknirschend zugestimmt.«

Am 5. Oktober 1970 rückt Sepp Resnik also in der Kaserne im steirischen Zeltweg ein. Er wiegt 47 Kilo und ist 1,58 Meter groß. Er hat immer noch Hummeln im Hintern. Der junge Mann, der da binnen eines Jahres um 20 Kilo zunehmen und um über 20 Zentimeter wachsen sollte (»da hab ich mich dann selbst nimmer gekannt«), meldete sich umgehend für die Aufnahmsprüfung zum »Jagdkommando«, einer Elite- und Sondereinheit. Das Härteste, was die Armee zu bieten hat.

Als Resnik sich meldete, wurde er ausgelacht. Als er nach 200 Tagen dann einer der 17 Soldaten war, die die Tortur durchgestanden hatten (etliche Hundert hatten sich beworben, 130 hatten die Ranger-Ausbildung beginnen dürfen), lachte keiner mehr. Und Resnik hatte die wichtigste Lektion seines Lebens gelernt: »Es geht. Alles. Wenn der Kopf will, dann folgt der Körper – überall hin. Und auch noch ein bisserl weiter.«

## Soldat & Heeres-Leistungssportler

Sepp Resnik wird jenseits der Kasernenmauern kaum je in Uniform gesehen. Er wirkt auch nicht wie ein Uniformträger, entspricht so ganz und gar nicht dem, was man sich unter einem Menschen vorstellt, der zur Entfaltung seiner Persönlichkeit das normierende Korsett militärischer Disziplin braucht. Schließlich steht Resnik mit und durch all sein Tun für Eigensinn und Individualismus, für das Ablehnen jeglicher Norm.

Und doch ist Sepp Resnik Berufssoldat, Oberstleutnant, um genau zu sein. Und auf seiner Visitenkarte steht dann noch der zivile Titel »Amtsrat« und »Referent Textiltechnik« als nähere Beschreibung dessen, was Resnik in der »Rüstungsdirektion & Amt für Rüstung und Wehrtechnik; Bereich Waffen- und Munitionstechnik, Abteilung Explosivstoffe, Werkstoffe & Betriebsmitteltechnologie« so tut: Resniks Dienststelle ist mit der Analyse und Bestimmung von chemischen und biologischen Substanzen betraut, die potenziell eine Gefahr darstellen. Aber so oft tritt – zum Glück – der biologisch-chemische Störfall in Österreich nicht auf. Und deshalb, sagt Resnik, als er zu einem Interview in einem Wiener Kaffeehaus auftaucht, beschreibe eine kleine Geschichte viel besser, was beim österreichischen Bundesheer noch so zu seinen Aufgaben zähle. Er greift in seinen Rucksack und holt einen kleinen Plastiksack heraus. Aus dem zaubert er ein schlankes, etwa 30 Zentimeter hohes hölzernes Kistchen mit arabisch-orientalisch anmutenden Schnörkeln und Schnitzereien. Das Kistchen hat nach vorne hin eine an ein orientalisches Fenster erinnernde Öffnung. Und dahinter sitzt eine kleine, schnuckelig-süße Plüscheule. »Einem General ist heute früh eingefallen, dass er zu Mittag ein Gastgeschenk für einen Besucher braucht. Eine Eule. Keine Ahnung, warum. Aber wenn es etwas im ganzen Bundesheer nicht gibt, ruft man halt den Resnik an«, lacht er. Er sei dann eben auf Eulenjagd gegangen. Und habe schließlich in einem

Spielzeuggeschäft den Plüschvogel gefunden. »Aber weil das Vogerl allein als Geschenk für einen ausländischen General ein bisserl blöd ausschauen würde, habe ich dann noch ein Vogelhaus gesucht. Das Ergebnis ist zwar nicht umwerfend, aber brauchbar.«

Es gab aber auch schon andere Sonderaufträge: »Ich weiß gar nicht, wie viele Bilder ich schon quasi auf Befehl gemalt habe. Ich bin eben nach wie vor ein Sondereinsatzkommando – auch wenn meine Kommando-Ausbildung eigentlich ›Jagdkampf‹ und nicht ›Malerei und Geschenkimprovisation‹ geheißen hat.«

Wäre Resnik statt beim österreichischen Bundesheer in der US-amerikanischen Armee ausgebildet worden, müsste er an dieser Stelle nur ein Wort fallen lassen und alle Welt wüsste, welche Schule der Mann durchlaufen hat: »Navy Seals« könnte Resnik dann sagen. Hierzulande heißt das Pendant »Jagdkommando«, wird im Volksmund meist »Ranger« genannt und bedeutet eine Spezial- und Sondereinsatzkommando-Ausbildung für die Härtesten unter den Harten und die Besten der Besten, mit knallhartem Auslese- und Trainingsprogramm. Dass Resnik sich 1970 dort meldete, entspricht dem Schema, nach dem der heutige Oberstleutnant funktioniert, ziemlich genau.

1970 dauerte der Dienst im Bundesheer für Österreichs Jungmänner neun Monate. Die meisten jungen Männer betrachteten diese Monate als ein Stück verlorener Lebenszeit, das man eben so gut, mühe- und problemlos wie nur möglich hinter sich bringen müsse. Am 5. Oktober 1970 war Resnik der Erste, der da morgens in der steirischen Garnisonsstadt Zeltweg einrückte, der Rest seiner neuen Kameraden kam erst gegen Mittag, wenige Minuten vor dem spätestmöglichen Termin.

Beim Einrücken war der kleine und schmächtige Sepp Resnik nicht ganz das, was man sich unter einem Rambo-Typen vorstellt. Aber Resnik wollte ein harter Typ sein. Oder zumindest werden. Also fragte er nach ein paar Wochen Latrinen- und Spindputzen, welche die härteste, raueste und wildeste Einheit sei, die es beim Heer gebe – und hörte zum ersten Mal das Wort »Jagdkommando«, gefolgt von einer Mischung aus ungläubigem Staunen und Gelächter, als er sagte, dass er da hinwolle. »Alle haben mir gesagt, dass das nix für mich ist – aber ich wollte zum Jagdkommando, weil ich gewusst habe, dass es mehr nicht gibt.«

Weil jeder Soldat das Recht hat, sich für das Ausleseverfahren zur Ausbildung bei der Sondereinheit zu melden, trat auch das Fliegengewicht Resnik an und qualifizierte sich als einer von 130 Jungmännern – etwa 400 waren angetreten. Der Ranger-Kurs, also die eigentliche Ausbildung, dauerte dann sieben Monate und nur 17 Mann beendeten ihn: »Ich bin zum ersten Mal in meinem Leben ganz ruhig geworden«, erinnert sich Resnik, »einfach, weil die Aufgabe so groß war. Das war, wie wenn man einen 17-Jährigen vor den Mount Everest stellt und sagt: Renn rauf.«

Aber Resnik rannte nicht nur hinauf, er lernte viel – über Grenzen und Schmerzen und wie man beides erkennt und überwindet. Über Disziplin und Selbstbeherrschung und wie man beides einsetzt, um den einen, den größten Gegner zu besiegen, gegen den Resnik dann auch später immer wieder angetreten ist: sich selbst.

»Ich habe mich stündlich, ja minütlich beweisen müssen. Ich war an und über der Grenze des Machbaren,« erinnert er sich – und schüttelt heute noch den Kopf: »Für einen 17-Jährigen war das in Wirklichkeit viel zu viel. Ich hätte heute Angst, einem 47-Kilo-Bürscherl das zuzumuten, das wäre komplett unverantwortlich. Wenn mein Bub so ausschauen würde, wie ich damals, und zum Jagdkommando wollte, würde ich Himmel und Hölle in Bewegung setzen, um das zu verhindern.« Aber Resniks Vater, der brave Gerichtsvollzieher, hatte keine Ahnung – und »außerdem hätte ich es trotzdem gemacht.«

Doch ohne es zu wollen oder zu planen hatte Vater Resnik dem Sohn ohnehin schon einen wichtigen Teil jenes Rüstzeugs mit auf den Weg gegeben, den Resnik auch hier

Mit 17 Jahren zum Bundesheer – und dann zum Jagdkommando.
»Weil was Härteres gab es nicht.«

Ausbildung, Training und Heeressport. Resnik war alles andere als ein Rambo-Typ.

– im Nahkampftraining, beim Hindernisschwimmen, beim Fallschirmspringen und was er da sonst noch alles lernte – dringend brauchte: »Beim Jagdkommando habe ich mit Sicherheit den Kick fürs Leben bekommen. Das war ein Tritt ins Kreuz, der mich mit einem Schlag zehn Jahre nach vorn katapultiert hat – aber ich konnte mit den Leuten umgehen, weil ich das im Gefängnis gelernt hatte. Das war auf eine ganz bestimmte Art derselbe Menschenschlag – und ich hatte schon früh gelernt, mit Menschen, bei denen Gewalt einen – sei es gesetzlich gedeckten oder illegalen – Bestandteil des Alltages darstellt, umzugehen.«

Öfter als einmal, sagt Resnik heute, habe er während dieser 200 Tage daran gedacht, aufzugeben. Alles hinzuschmeißen. Um dem Dreck, der Müdigkeit, den Schmerzen und der Erschöpfung zu entkommen – »Aber mir war klar: Hier gibst du nur einmal auf. Du kannst nicht sagen: ›Ich mache morgen weiter.‹ Du machst es jetzt – oder nie wieder.« Und das, sagt Resnik heute, sei die wichtigste Lehre gewesen, die er dann unter dem grünen Barett mit in den regulären Armeedienst und ins weitere Leben nahm.

Vor den Kasernentoren und in den Lokalen, die jeder Soldat kannte, warteten damals wie heute Menschen, die Söldner anheuerten. »Einige von uns sind zur Fremdenlegion gegangen. Andere wurden gewöhnliche Söldner. Aber ich war fertig mit alledem. Ich wusste, ich kann das – und ich wusste noch mehr: Ich konnte jede Aufgabe lösen, die ich mir selbst stellte. Und zwar im Kopf. Gewalt war einfach nicht das, was mich interessierte – das hatte ich schon begriffen.«

Und weil Resnik mittlerweile auch gelernt hatte, pragmatisch zu denken, beschloss er, die Matura nachzumachen, »weil das die einzige Chance für mich war, eine Offizierslaufbahn einzuschlagen. Mein System und mein Zugang waren wie beim Jagdkommando: Ich habe gewusst, ich bin ein schlechter Schüler, ich kann nix und weiß nix – aber ich melde mich sofort dort an. Und werde es schaffen.«

Drei Jahre Schule. Auch wenn der quirlige junge Mann

mittlerweile Sitzen und Stillhalten gelernt hatte und sich sein Körper innerhalb eines Jahres von 1,60 auf über 1,80 Meter (samt dazugehörigem Massezuwachs) gestreckt hatte, kein leichtes Unterfangen. Doch Resnik, mittlerweile über zwanzig, schaffte es, weil er das für sich angestrebt hatte – und auch, weil da noch ein Wettkampf offen war: »Wir alle, die da gemeinsam in der Hauptschule gewesen waren, hatten uns vorgenommen, irgendwann die Matura nachzuholen. Einige haben nette Karrieren gemacht, einer ist sogar Bürgermeister. Aber sich hinsetzen und etwas nachlernen, was man als Kind versäumt hat, das hat keiner geschafft. Außer mir.«

Fast noch wichtiger als die Matura sei aber eine Bekanntschaft gewesen, die er während seiner zweiten Schulzeit gemacht habe. Resnik sportelte beim Heer zunächst ganz normal herum, sah eines Tages Oberstleutnant Hans Schackl über die Hindernisbahn fliegen – und der mittlerweile klassische Resnik-Mechanismus setzte sich in Gang.

Schackl war damals, Ende der 70er Jahre, Weltmeister im militärischen Fünfkampf. Resnik sprach ihn an. Direkt. So, wie er das bis heute tut, wenn ihn etwas interessiert. Er habe, eröffnete der Soldat dem Oberstleutnant, ein paar Heeresturnschuhe, Turnbekleidung, eine sportliche Vergangenheit – und wolle nun von ihm zum schnellsten Läufer des Bundesheeres gemacht werden. Punkt.

Schackl, sagt Resnik heute, habe ihn angeschaut, als wolle er ihn fragen, ob er noch ganz bei Trost sei. Resnik war damals alles andere als in Höchstform und er rauchte. Wie er, Resnik, sich das denn vorstelle, fragte Schackl.

Resnik war vor allem eins: stur. Und so brachte er den Weltmeister dazu, ihn unter seine Fittiche zu nehmen. »Das war der Anfang einer 30-jährigen Freundschaft«, erklärt Resnik noch heute. Schackl wurde für den jungen Sturschädel so etwas wie ein Mentor: »Ohne Schackl hätte ich all das nicht geschafft. Ich muss da ganz ehrlich sein: Wenn es dir nicht gelingt, zur richtigen Zeit die richtige Person am richtigen Ort zu treffen, gibt es kein Weiterkommen. Das klingt klischeehaft, ist aber so. Alleine würde es mehrere Menschenleben dauern. Schackl gab mir Wissen, Literatur, Aufmunterung und alles andere, was wichtig war – manchmal, wenn ich am Aufgeben war, sagte er mir einfach: ›Setz dich in einen Ohrensessel, zieh die Galauniform an und lies dieses oder jenes Buch. Und dann wirst du eine Lösung finden.‹ Und das war auch so. Er hat mir aber auch immer gesagt, dass er sofort aufhören würde, mich zu trainieren, wenn meine Leistungen nachließen. Und zwar vor allem die schulischen.«

Resnik büffelte also. Am Vormittag in der Schule, am Nachmittag daheim. Am Abend war Sport angesagt. Und es war, gibt Resnik heute zu, auch ein wenig die Angst, den Trainer zu verlieren, die ihn auf direktem Weg zum Schulerfolg und dann in die Offiziersausbildung brachte.

Schackls anfängliche Skepsis legte sich bald: Resnik war zweifellos ein Talent: Er lief und schwamm auf einem Level, das ihn auch international konkurrenzfähig machte. Sowohl beim Bundesheer – hier stellte Resnik etwa den von Schackl gehaltenen und für uneinholbar eingeschätzten Punkterekord im militärischen Fünfkampf (Schießen, Hindernislauf, Hindernisschwimmen, Handgranatenweit- und -zielwurf sowie Geländelauf) ein – als auch im zivilen Alltag: »Meine Mutter hat gesagt, ich solle alle Pokale nach Hause schicken, weil sich das so gehört – aber ich bin pro Wochenende bei drei Rennen oder Veranstaltungen angetreten und in meinen zehn aktiven Leichtathletikjahren etwa 500 Mal auf einem Stockerl gelandet – nach einem Jahr hat die Mama gesagt, dass sie doch kein Altblechlager ist. Ich habe mir dann die schönsten Pokale aufgehoben und den Rest haben wir weggegeben.« Resnik genügte der Moment des Erfolges – er protokollierte und dokumentierte nicht. Und sorgte auch nie dafür, dass andere das für ihn taten. Eine Nachlässigkeit, die ihm später – und zwar bis heute – noch zu schaffen machen sollte.

Schackl trainierte damals aber nicht nur den Nobody Resnik, sondern das Who's who von Österreichs Spitzenathleten. Das Bundesheer bot und bietet Läufern, Schwimmern, Tennisspielern und anderen Sportlern traditionell die Möglichkeit, unter optimalen Bedingungen zu trainieren und zu arbeiten. De facto sind die Athleten Profisportler, auf dem Papier aber Berufssoldaten.

Resniks Trainingspartner waren damals unter anderen die Weltklasseläufer Dietmar Millonig, Robert Nemeth und Wolfgang Konrad. Und auch als Fußballer machte Resnik kurz Karriere: Der Grazer Erstligaklub GAK lockte ihn Ende der 70er Jahre mit einem Handgeld von 100000 Schilling (etwa 7000 Euro) als Mittelfeldspieler in seinen A-Kader. »Ich habe mit viel zu viel Einsatz gespielt. Körperlich. Ich hatte wahrscheinlich das Wort ›Zweikampf‹ noch aus dem Jagdkommando ganz anders in meiner DNS gespeichert. Das war für mich und meine Gegner einfach gefährlich – darum habe ich nach ein paar Monaten aufgehört. Und das Geld zurückgegeben. Das war besser so«, sagt er heute.

Etwa zu dieser Zeit stellte Resnik dann den im österreichischen Heer als »ewig gültig« angesehenen Rekord Schackls im militärischen Fünfkampf ein. »Schackl hat mir dann gesagt, er könne mir nichts mehr beibringen, ich sei austrainiert. Im selben Atemzug hat er mir das Du-Wort angeboten. Und auch wenn das heute ganz selbstverständlich klingt: Das war etwas ganz Besonderes und Wichtiges für mich.«

Freilich: Gerade weil Hans Schackl sich von da an nicht mehr als Resniks Vorgesetzter und Trainer, sondern als sein Freund sah, war das nicht das Ende einer Trainingspartnerschaft, sondern der Beginn einer großen Freundschaft (»Wir sind einander so nahe, wie es zwei Männer in einer Freundschaft nur sein können,« sagt Resnik) – und vielleicht ja auch der Auftakt zu dem, was Sepp Resnik ein paar Jahre später dann über Nacht zu einer nationalen Berühmtheit machen sollte: »Im Dezember 1983 oder im Jänner 1984 habe ich im Fernsehen Menschen gesehen, die in Hawaii am Zahnfleisch über eine Ziellinie gekrochen sind: Das war das erste Mal, dass ich vom ›Ironman‹ hörte. Ich habe das gesehen und sofort gewusst: Da muss ich hin. Dann habe ich den Hans angerufen und ihm gesagt, er soll schon packen, weil wir im Oktober nach Hawaii fliegen werden. Er hat mir ganz ruhig zugehört und dann gesagt: ›Sepp, du spinnst. Du bist noch nicht einmal einen Marathon gelaufen – und du bist noch nie auf einem Rennrad gesessen!‹«

## Ein Gespräch mit Hans Schackl

**»Was tust du zwischen zwei und vier Uhr früh?«**

Heute ist Hans Schackl Pensionist: Er fährt pro Jahr 15000 Kilometer auf dem Rad, klettert Wände der Schwierigkeitsstufe 8 und geht im Sommer zwei Monate lang surfen. Vor seiner Pensionierung war der 1939 geborene Schackl Weltmeister im militärischen Fünfkampf, Militär-Weltrekordhalter im Schießen und im Hindernislauf, vielfacher Staatsmeister in diversen Leichtathletik-Disziplinen und Militär-WM-Starter in Leichtathletik, im Fünfkampf und im Sportklettern. Sepp Resnik nennt Schackl bis heute »meinen Mentor und Trainervater – ohne ihn hätte ich nichts von alledem geschafft, was ich als Sportler geleistet habe.«

Wer ist Sepp Resnik – und wie haben Sie ihn kennen gelernt?

**Schackl:** Der Sepp war mein Schüler an der Militärakademie. Ich war dort Sportoffizier, also sein Turnlehrer. Und der Sepp war ein ganz normaler Schüler. Aber ich habe bald begriffen, dass er hoch talentiert ist. Nicht nur, was die Bewegung an sich angeht, sondern auch, was seine Intelligenz betrifft. Das heißt nicht, dass Resnik ein guter Schüler war. Er war zum Beispiel im Maturajahr zwei Monate vor Schulschluss in vier Fächern negativ. Aber man sieht auch daran, was der Bursche kann, wenn er etwas will: Er hat sich zurückgezogen und als Eremit gelernt – und hat dann ohne eine negative Note maturiert.

Inwiefern ist das Resnik-typisch?

**Schackl:** Das ist einfach seine Stärke. Resniks Kapital ist sein gewaltiger Wille und seine Ausdauer. Ich hätte mit dem Sepp damals alles machen können. Wir haben im Laufe der Jahre eine sehr gute Beziehung aufgebaut. Er hatte uneingeschränktes Vertrauen zu mir – und das ist nicht mit jedem Menschen so. Sepp Resnik ist eigentlich

völlig ungeeignet dafür, Soldat zu werden. Weil er Vorgesetzte, aber auch Untergebene, die damit verbundenen Rollen und Hierarchien nicht so blind akzeptiert, wie das beim Militär sein muss. Er hat da immer differenziert, was er wem zutraut. Und zu mir war es ein sehr gutes Verhältnis: Wenn ich ihm damals gesagt hätte: ›So Sepp, heute rennen wir viermal Marathon mit einer Minute Pause dazwischen‹, hätte er zwar gewusst, dass das ein Blödsinn ist, hätte aber einmal damit angefangen, weil ich es ihm gesagt habe.
Das war überall so: Sepp ging die Dinge an – und zog sie durch. Ob das im Alpindienst war, wo wir gemeinsam Ski gefahren sind, oder ob wir Klettern waren. Resnik hat sich nie von einer Aufgabe abschrecken lassen – und das, obwohl er in fast jedem Bereich ein totaler Neuling war. Das ist ebenfalls seine Stärke: Er hat sich immer jemanden gesucht, dem er vertraut, und hat dann unter dessen Anleitung innerhalb kürzester Zeit alles umgesetzt, was er sich vorgenommen hatte.
Um da nur ein Beispiel zu bringen: Als ich Resnik trainierte, kam im Hochsprung der Fosbury-Flop (die auch derzeit übliche Sprungmethode, die Latte rücklings zu überqueren. 1968 von Dick Fosbury entwickelt, setzte sie sich erst in den 80er Jahren durch, Anm.) auf. Ich habe ihm das gezeigt – und er hat das innerhalb von 12 Tagen so perfektioniert, dass er den Hochsprung-Bewerb der Militärakademie mit 1,89 Metern gewonnen hat – mit einer Technik, die er zwei Wochen vorher noch gar nicht kannte!

Aber was treibt Resnik dazu, ständig nach neuen Extremen zu suchen?
**Schackl:** Sein Motiv ist, dass andere glauben, es sei unmöglich. Das ist seine Motivation. Wenn er irgendwo hört oder sieht, dass die anderen Leute die Köpfe schütteln, dann wird das Feuer in ihm entfacht.

Woher kommt das?

**Schackl:** Das weiß ich nicht. Aber es ist weniger Ehrgeiz nach außen hin als der Wunsch, sich selbst zu beweisen, was alles möglich ist.

Warum glauben ihm so viele Leute nicht?

**Schackl:** Das liegt daran, dass die meisten Leute weit von solchen Grenzbereichen weg sind. Der Sepp Resnik lebt sie. Denn nüchtern betrachtet wirkt ja wirklich alles, was er tut, unmöglich. Nur: Nichts davon ist unmöglich. Es ist alles umsetzbar. Ich habe in meinem Leben hunderte Trainingspläne geschrieben. Aber ich arbeite nicht gerne mit Leuten, bei denen ich auch noch nachschauen muss, ob sie das dann auch wirklich so machen: Ich brauche Athleten, die ähnlich wie der Resnik sind – die beinhart trainieren.

Aber viele Sportler kamen dann nach ein paar Wochen oder Tagen mit dem Plan zu mir und sagten, sie hätten so nicht trainieren können. Es sei sich einfach nicht ausgegangen. Sie hätten zu wenig Zeit gehabt. Da frage ich beinhart: ›Was hast du zwischen zwei und vier Uhr früh gemacht? Da hättest du doch trainieren können.‹ Und der Sepp ist einer, der genau so trainiert. Bei ihm gibt es kein ›keine Zeit‹, kein ›das geht sich nicht aus‹ – er ordnet alles seinem Ziel unter. Und das kann fast niemand.

Resnik geht in Bereiche hinein, in der Problemstellungen nur noch vom Kopf her lösbar sind. Der heutige Leistungssport ist, was die Trainingslehre und die Sportmedizin anlangt, ausgereizt. Da geht nicht mehr viel. Alles, was an Steigerung da ist, spielt sich nur mehr in der Psyche ab. Und da gibt es noch ungeahnte Reserven.

Ich kenne Leute – eben auch den Sepp –, die sind in diesen Bereich hineingegangen. Die hätten von ihrer körperlichen Disposition her nie so gute Leistungen bringen können wie andere Leistungssportler – aber sie gewinnen trotzdem.

Wo ist das Limit?

**Schackl:** Im Kopf – und in der Umwelt. Ganz alleine kannst du heute so große Spitzen- und vor allem Wettkampfleistungen nicht mehr bringen. Das geht vielleicht im Triathlon oder bei den Weltumrundungen, also bei Expeditionen: Das hat nicht mehr unmittelbar mit Leistung zu tun, das ist der Kopf, die Psyche. Wenn heute jemand auf den Himalaya geht und im Basislager einmal sechs Wochen wartet, bis der Monsun vorbei ist und dann ein erstes, zweites, drittes, viertes Hochlager aufbaut – das sind keine Leistungen, die man messen kann. Das ist einfach gewaltig – und gerade weil es nicht messbar ist, für den Großteil der Menschen gar nicht nachvollziehbar. Die hören und lesen das – aber es ist nicht vorstellbar. Einfach von den Dimensionen her, aber vor allem wegen des Willens, das durchzustehen. Das ist schon beim Triathlon so, aber es wird dann ab dem Ultimo oder den Umrundungen völlig abstrakt.

Das gilt auch schon für geringere Leistungen – und nicht nur bei Laien: Der Sepp hat ja auch in der Leichtathletik und im Militärsport Maßstäbe gesetzt. Wir alle haben uns gewundert, dass jemand mit so wenig Training und mit so wenig Vorbereitung solche Leistungen bringen kann. Das war immer nur sein Wille. Er ist körperlich gut veranlagt, aber nicht so extrem, dass sich das aus seiner körperlichen Konstitution hätte erklären lassen. Ich habe mit hunderten Athleten gearbeitet – aber so einen Willen hat nur er gehabt.

Wie lenkt man einen Menschen wie Resnik? Wie kann ein Trainer so einen Typus Sportler im Griff und auf Linie halten?

**Schackl:** Das ist ganz schwer. Ich wüsste niemanden, der den Sepp echt trainieren kann. Ich habe das auch nicht getan. Sicher: Ich habe alles mit ihm gemeinsam erarbeitet. Eine Zeit lang zumindest. Aber auf Dauer habe auch ich ihn nicht im Griff gehabt.

Trotzdem nennt er Sie seinen Mentor, Trainingsvater und den Menschen, dem er als Sportler alles verdankt.

**Schackl:** Das habe ich eine Zeit lang auch so gesehen. Aber jetzt ist das schon lange nicht mehr zutreffend. Ich habe Resnik nicht mehr in meinem Dunstfeld und er klammert sich auch nicht mehr an mich. Ich habe ihn nur auf sich selbst aufmerksam gemacht. Habe ihm gezeigt, was er draufhat, was er kann. Ich habe ihm sich selbst gezeigt – und das weiß er mittlerweile. Mehr braucht man auch nicht zu wissen. Man muss lernen, in sich selbst hinein zu hören und sich selbst zu erkennen. Den Körper und den Geist in die richtige Kombination bringen – und wissen, wo die Grenzen sind. Wer solche Aktionen setzen will wie der Sepp, der muss zuerst lernen, mit den eigenen Grenzbereichen umzugehen.

Die meisten Leute wissen ja gar nicht, wo ihre Grenzen sind: Wenn sie gesund sind und es keine existenziell gefährlichen Krisen gibt, werden diese Grenzbereiche bei 90 Prozent kaum je angetastet.

Das heißt, es kann jeder ein Resnik sein?

**Schackl:** Bedingt. Es kommt schon auch auf die Anlagen an. Aber wenn jemand wirklich will, sind etwa Hochsprünge über 2 Meter für jeden zu schaffen. Ich hatte einmal einen Trainer, der hat mir gesagt, jeder, der über 1,70 groß ist und körperlich kein Handicap hat, kann 2 Meter und mehr schaffen. Ich habe das zuerst nicht geglaubt – aber dann habe ich gelernt: Das geht.

## Der erste Triathlon – Hawaii I (1984)

**»Feldbach liegt dort drüben«**
Heute weiß Resnik – und jeder, der ihn auch nur ein bisschen kennt – dass gerade Schackls Skepsis den damals 31-Jährigen erst so richtig anspornte: Als da zum Jahresende 1983 in einer deutsche Sportsendung plötzlich Bilder von ziemlich kaputt und ausgemergelt wirkenden Menschen zu sehen waren, die hohläugig, aber freudestrahlend vor einer tropisch-exotischen Kulisse über eine Ziellinie mehr wankten als liefen, war es, als würde man vor Resnik einen Vorhang aufziehen: »Ich habe gewusst: Das ist es!«, erzählt er – und heute noch leuchten seine Augen, als hätte jemand in diesem Augenblick das schönste und wertvollste Werk enthüllt, dass je ein Mensch gesehen hat: »Es war, als ob man mir endlich sagte, was meine Bestimmung ist.«

Die Bestimmung hieß »Ironman« und war ein damals in den USA gerade vom absoluten Insider-Hardcore-Tipp zum Minderheitenprogramm mutierendes Stück sportlichen Irrsinns. Jedenfalls waren damals alle namhaften (und nicht in Hawaii mitwirkenden) Sportler, Trainer und sonstige Experten dieser Ansicht: 3,8 Kilometer Schwimmen, 180 Kilometer Rad fahren und dann – weil man sich ja eh kaum was gönnt – noch ein ganzer Marathon, also 42 Kilometer und ein bisserl was dazu. »Sepp, du spinnst«, sagte Hans Schackl.

Aber es war zu spät: Resnik hatte da schon zu recherchieren begonnen. Erstmals war der Ironman 1978 ausgetragen worden – und zwar angeblich als eine »b'soffene G'schicht«. Als Resultat eines Kneipen-Streits zwischen einem Schwimmer, einem Radfahrer und einem Läufer um die Frage: Wer ist der Härteste? Wer hält am meisten aus? Wer kommt durch? Und weil man sich bei allen Fragen, in denen das Wort »oder« vorkam, nicht einig wurde, ersetzten die drei diese Vokabel dann eben durch »und«. Fertig. Und egal, ob die Legende stimmt oder nicht: Im

Grunde ist dieser Zugang (»Wir tun es, weil es noch keiner getan hat und weil alle, die es noch nie getan haben, sagen, dass es erstens nicht geht und zweitens Wahnsinn ist«) an sich klassisch Resnik – auch wenn der Steirer erst später dazu stieß.

Der Ironman, wusste Sepp Resnik also, als er die Teilnehmer des sechsten Durchganges dieses Bewerbes über den Bildschirm taumeln sah, war seine Bestimmung. Erstens: Weil. Zweitens: Weil es vor ihm noch kein Österreicher getan hatte. Drittens: Die Kombination aus Erstens und Zweitens. Resnik war klar: Er musste am 26. Oktober in Hawaii sein, koste es, was es wolle.

Blöderweise hatte die Sache zwei nicht zu kleine Haken: Da war zuerst einmal das Leben in Österreich: Der Job. Die Freunde. Eine Partnerin.

Auf den zweiten Haken wies ihn dann Hans Schackl hin. Resnik hätte doch wirklich keine Ahnung, worauf er sich da einließe, sportlich-professionell gesehen. Resnik sei zwar ein guter Läufer, aber er habe in seinem ganzen Leben noch nie einen Marathon absolviert. Schwimmen könne der mittlerweile 31-Jährige wie ein Fisch, doch sei er noch nie auf einem Rennrad gesessen.

Resnik gab Schackl in allen Punkten Recht. Der Trainer und Freund habe die Ausgangslage präzise und akkurat auf den Punkt gebracht – damit aber genau das System nach dem er, Resnik, funktioniere, aktiviert: Er, Resnik, habe keine Ahnung gehabt, was ihn bei den Rangern erwarten würde und man habe es ihm nicht zugetraut – aber er hatte die Herausforderung gesucht, sich ihr gestellt und bestanden. Er, Resnik, sei ein totaler Schulversager gewesen – aber er hatte sich kopfüber in die Aufgabe »Matura« gestürzt und bestanden. Und zu guter Letzt: Schackl habe doch damals, als dieser rauchende und untrainierte Soldat ihn gebeten habe, ihn zum schnellsten Läufer des Bundesheeres zu machen, auch geglaubt, der junge Mann sei verrückt. Und Resnik habe trotzdem – oder genau deswegen – das erreicht, was er sich in den Kopf gesetzt hatte.

Und nun sei da wieder eine Aufgabe aufgetaucht, die unmöglich scheine. Zumindest aus der Österreich-Perspektive. Aber andere – vor allem Amerikaner, aber auch ein paar Deutsche – hätten es geschafft. Und da sei es nicht nur eine Frage des individuellen Ehrgeizes, sondern auch der nationalen Ehre, es zumindest einmal zu versuchen.

Resnik argumentierte damals zwar ins Blaue, traf aber den Punkt: Bei der Österreichischen Sporthilfe, jener Organisation, die unter anderem für die finanzielle Förderung von zukunftsträchtigen und trendsportverdächtigen Sportlern und Disziplinen zuständig ist, saßen Menschen, die das Potenzial von extremen Ausdauerbewerben im Allgemeinen und Triathlon im Besonderen richtig einschätzten. In 10 bis 15 Jahren könnten Mehrfach- und Extremveranstaltungen ein großes Ding sein, aber welche Sportler aus Österreich würden sich das wohl antun?

Die Elite der heimischen Mehrkämpfer war nicht interessiert – und noch bevor man bei den Läufern, Radfahrern und Schwimmern nachfragen konnte, standen Resnik und Schackl in der Tür. Die Trainingskollegen im Heeresleistungssportzentrum (die Betreuer jener Läufer, Radfahrer und Schwimmer, die eventuell in Frage gekommen wären) hätten zwar gemeint, das Unternehmen sei ein großer, ja ein riesengroßer Blödsinn – trotzdem stehe er, Sepp Resnik, jetzt hier. Um kundzutun, dass er nach Hawaii wolle. Zum Ironman.

Genau genommen, gibt Resnik zu, war es ja vor allem Hans Schackl, der – wie man auf Österreichisch sagt – ihm »die Rutsche legte«, also Kontakte knüpfte und Probleme aus dem Weg räumte. Und Schackl trieb dann auch Resniks erste Rennräder auf. Puch Ultimo. Damals tatsächlich das ultimative Rad für Straßenrennen.

Eigentlich waren die Puch-Rennmaschinen nicht Resniks erste Rennräder. Er hatte sich, erzählt der Triathlet, schon ewig ein Rennrad gewünscht und seine Mutter habe sich das Geld für ein gebrauchtes Peugeot-Rennrad mühsam vom Haushaltsgeld abgespart. »Als ich dann zum Leutnant ausgemustert wurde, hat sie es mir zum nächsten Geburtstag geschenkt. Ich habe das Rad immer nur geputzt und nie gefahren. Ich wusste, was das Geschenk für sie bedeutete – und hatte einfach Angst, es bei einem Unfall zu beschädigen. Aber ich war wahnsinnig stolz darauf.« Er müsse, trichterte Schackl seinem Schützling ein, Laufen, Radeln und Schwimmen vor allem im Kopf lernen – und zwar so intensiv, dass der Körper nur noch das ausführende Organ des Geistes sei. So, wie er ja auch bisher alles seinem Willen und seinem Wollen und erst in dritter Linie seiner Kraft verdanke.

Um die Wendigkeit, das Schalten und die Finessen seines Rennrades überhaupt einmal verstehen zu lernen, solle Resnik das Gerät nicht nur auf Landstraßen, sondern auch in der Stadt bewegen. (Damals, Mitte der 80er Jahre, waren Radfahrer in der Stadt noch eine Seltenheit. Das Wort »Radwege« kannte man in Österreich noch nicht.)

Resnik nickte, setzte sich aufs Rad und fuhr los: »Als ich an die große Kreuzung bei der Urania (eine Sternwarte an der Wiener Ringstraße, Anm.) kam, sprang die Ampel auf Rot. Damals hatte man an den Pedalen noch Clips mit Lederriemen. Ich hatte sie beim Losfahren zugezogen – hatte aber keine Ahnung, wie die wieder aufgehen. Die Ampel schaltet also auf Rot – und der Resnik kommt daher, kriegt die Füße nicht von den Pedalen und stürzt mitten in die Kreuzung hinein.«

Die Autofahrer stiegen aus und fragten den hilflos am Boden Liegenden, ob er verletzt sei, Hilfe brauche. »Ich bin da mit dem Rad an den Füßen am Boden gelegen und habe sie bitten müssen, mir zu zeigen, wie ich aus den blöden Clips rauskomme.« Auch das, gibt Resnik zu, sei charakteristisch für die Art, mit der er früher an Unternehmungen und Abenteuer herangegangen sei: »Das war schon typisch: Zuerst einmal losfahren – und dann erst überlegen, wie man wieder rauskommt.« Aber die Welt, betont Resnik, habe es gut mit ihm gemeint: Im konkreten Fall halfen ihm die Autofahrer wieder auf die Beine, »aber auch sonst war da immer einer, der mir die Dinge erklärt und mir weitergeholfen hat.«

Nachdem die Sache mit den Clips geklärt war, konnte Resnik wirklich trainieren – neben seinem regulären Dienst von 7.30 bis 17 Uhr beim Bundesheer, versteht sich. Da noch täglich einen Kilometer Schwimmen, etwa 50 Kilometer auf dem Rad und fast einen Halbmarathon in einen Tag hineinzuquetschen, ist an sich schon eine Herausforderung. Resnik lernte unter anderem nicht nur effizient zu trainieren, sondern auch effizient zu schlafen. Das Wort »Power-Nap« kannte er nicht – aber was das ist und wie man aus drei Stunden Schlaf das Optimum an Erholung holt, schon. Dass ihm das später noch zugute kommen würde, konnte er damals aber nicht ahnen.

Schackl schleppte den Ironman-Kandidaten zum Training nach Korsika: »Der Hans hat mich nur Berge hinaufgejagt – und das am liebsten in der Mittaghitze. Damit ich möglichst optimal auf das Klima in Hawaii vorbereitet wäre.«

Heute, seufzt der Pionier, wäre ja vieles anders, »nicht einfacher, aber anders.« Wer es sich leisten könne, käme schon ein paar Wochen vor dem Bewerb nach Hawaii, um sich zu akklimatisieren, die Strecke kennen zu lernen und unter Echt-Bedingungen zu trainieren. »Heute muss man sich für Hawaii ja auch erst einmal qualifizieren. Aber als ich das erste Mal mitmachte, konnte jeder mitlaufen. 1000 Männer und 300 Frauen gingen da an den Start – und wir hatten einfach nicht die Mittel, um da ewig vorher anzureisen. Ich bin 36 Stunden im Flugzeug gesessen. Economy, versteht sich. Und am nächsten Tag, es war der 26. Oktober 1984 und daheim in Österreich war Nationalfeiertag, war um sieben Uhr früh der Start.«

## Erster Triathlon/Hawaii I (1984)

Hans Schackl, Resniks Förderer, Trainer und Mentor, hatte aus der Not eine Tugend gemacht: Er hatte die Ankunftszeit seines Athleten so knapp vor den Start des Bewerbes gesetzt, dass der Körper nicht nur keine Zeit zur Akklimatisation hatte, sondern auch zu wenig Zeit, um all die klassischen Symptome eines Jetlags überhaupt zu entwickeln. »Das war wie ein Schockzustand: Bevor mein Körper wusste, was los war, war ich schon unterwegs.«

Ganz geheuer, gibt Resnik heute zu, war ihm das damals aber nicht: Er habe seinen Trainer um fünf Uhr früh aus dem Bett geholt und erklärt, dass er Angst habe, er kenne ja nicht einmal die Strecke. »Der Hans hat gemeint, ich solle mir keine Sorgen machen – und einfach den Leuten vor mir nachfahren. Ich sei mental stark genug, um das ganze Rennen so anzulegen.«

Etwas anderes blieb Resnik ohnehin nicht übrig. Am Abend vor dem Start hatte er sich noch mit einem der deutschen Teilnehmer angelegt: »Der war ein Bär von einem Mann, ein richtiges Muskelpaket. Der hat damals schon Triathlon-Bücher geschrieben und war der einzige deutsche Profi, den es damals gab.« Der Athlet wollte dem »exotischen Ösi« (»Ich war ein Exot, vor allem für die Amis. Immer wenn mich ein Journalist gefragt hat, wo ich herkomme, habe ich aufs Wasser gezeigt und gesagt ›Aus Feldbach – das ist dort drüben‹, das haben sie geliebt«), der da ganz alleine und ohne jedes Insiderwissen nach Hawaii gekommen war, helfen: »Das war eigentlich sehr nett und kameradschaftlich gemeint.« Aber Resnik stach – natürlich – der sportlich-nationalistische »Piefke-Frozzel«-Hafer: »Ich hab ihn gefragt, ob er wirklich der Beste von der Hand voll deutscher Athleten sei und als er bejahte, habe ich ihm erklärt, dass er gar nimmer weiter reden braucht – weil ich ihn eh überholen werde. Dann könne er ja versuchen, mir nachzufahren.« Der Konkurrent war – wenig verwunderlich – verärgert und ließ den arroganten Österreicher stehen. »Aber dann, bei Kilometer neunzig am Rad, habe ich ihn eingeholt – und gesagt ›Servus, ich bin der von gestern – und jetzt fahre ich an dir vorbei‹.«

Aber in Wirklichkeit ging es Resnik in Hawaii gar nicht darum, zu gewinnen oder möglichst viele Konkurrenten zu überholen. »Mein Ziel war es, überhaupt ans Ziel und möglichst unter die ersten 500 zu kommen. Mein Horror war, als Letzter am Rad die Wechselzone zu erreichen: Du kommst da hin und es stehen schon 1299 Fahrräder da.«

Und weil er keinerlei Erfahrungswerte hatte, waren Resnik, Schackl und ein als Beobachter von der Sporthilfe mitgeschickter Funktionär völlig baff, dass es dann anders kam. Ganz anders.

**Der Lauf**

»Vor dem Start hat mich der Hans mit mindestens sieben Schichten Fett eingeschmiert. Wir hatten damals noch keine Neoprenanzüge. Und ich hab mich beim Start einfach ins Wasser reingehaut und Vollgas gegeben. Und dann bin ich auch noch sehr, sehr gut Rad gefahren.« Resnik kam nicht als Letzter zur letzten Wechselzone. Oh nein: »Ich war ungefähr auf Platz 140. Das war sensationell. Das hätte ich nie geglaubt. Und ich fühlte mich großartig: Schwimmen konnte ich ja, aber dass das Radfahren so gut laufen würde, hatte ich nicht erwartet. Ich wusste: Jetzt kommt meine Disziplin, das Laufen. Ich flog förmlich dahin – und war wild entschlossen, voll anzugreifen.«

Dann kippte Sepp Resnik um. Einfach so. Nach nicht einmal acht Laufkilometern: »Beine weg, Sicht weg, alles Schwarz – und aus«, umreißt der Läufer das, was da geschah. Resnik hatte sich selbst ausgetrickst – und in seiner Euphorie ignoriert, dass der Anfang der Marathonstrecke ein unheimlich steiler Anstieg war. Nicht nur für ihn, für alle – aber etwas Zeit hatte sein Körper eben mittlerweile doch schon hier verbracht. Zeit genug, um zu realisieren, dass die Luft nicht nur »viel süßer als in der Steiermark roch, weil hier außer Palmen vor allem Orchideenpflanzen wuchsen«, sondern auch eine andere Sonne stach und ein anderer Wind blies: »Selber schuld – ich habe meine Kräfte einfach falsch eingeteilt. Der Körper hat sein eigenes Sicherungssystem. Und wenn du kein Doping oder andere Hilfsmittel nimmst, dann ist das dein persönlicher Schutzschalter: Du wirst einfach ohnmächtig. Beim Rad fahren wäre das ein bisserl sehr blöd – aber beim Laufen ist das weniger schlimm: Du fällst hin und liegst dann auf dem Asphalt.«

Freilich hat die Sache auch einen Nachteil: Wenn bei einem Ironman-Bewerb oder Ähnlichem ein Athlet ohnmächtig wird, ist der nächste Rennarzt (zum Glück) meist rasch zur Stelle. Aber das Reglement ist eisern: »Keiner darf dich anrühren – und wenn der Arzt dir helfen muss und dir die Startnummer abnimmt, bist du draußen. Ohne Diskussion. Das ist mir sofort durch den Kopf geschossen, wie ich die Augen wieder aufgemacht habe.« Was Resnik nicht wusste: Zwischen seinem Umfaller und dem Aufwachen lagen mehr als 70 Minuten. Und es war sein Glück, dass sein Trainer und der Sporthilfefunktionär in Sichtweite waren. Der Rennarzt sah, dass der Läufer am Boden versorgt wurde – und hielt Abstand, bereit, jederzeit einzugreifen. »Schackl hat mich mit Wasser bespritzt. Und der Sporthilfemann hat gemeint, es sei sinnlos, der Hans solle mich aus dem Rennen nehmen.« Resnik hörte das und schaltete auf – genau – Resnik. (»Ich habe später Bilder von mir gesehen. Wenn ich an Hans' Stelle gewesen wäre, hätte ich meinen Athleten da sofort aus dem Rennen genommen«). Er stand auf und lief weiter. »Der Hans hat mich noch gefragt: ›Bub, wie geht es dir?‹ Ich habe geantwortet: ›Momentan nicht gut – aber jetzt greifen wir an‹, und das habe ich dann auch getan.«

In der Boxersprache müsste es an dieser Stelle heißen: »Resnik kam zurück.« Aber das trifft es nicht ganz. Weil »zurück« irreführend wäre. Während seines Blackouts hatte der Steirer mehr als 400 Plätze verloren. Er lag nun irgendwo zwischen dem 550. und dem 600. Platz. Wenn alles gut ging, würde Resnik noch sein Ziel erreichen – und unter die ersten 500 der 1300 Starter (»Ob Männer oder Frauen ist für mich heute völlig egal – ich kenne Frauen, die laufen in jedem Extrembewerb unter die Top Ten der Männer«, sagte er 2006) kommen. Aber eine der Qualitäten von Sepp Resnik sind seine fast Furcht einflößenden versteckten Energiereserven, seine Notfall-Tanks: Resnik wurde schneller und schneller. Überholte Gegner um Gegner. Machte Plätze in einem Ausmaß gut, das ihn schon fast selbst ängstigte. »Plötzlich ist die Post abgegangen. Ich habe einen nach dem anderen überholt. Nicht, dass es mir darum ginge – aber das macht schon unheimlichen Spaß, wenn man die Konkurrenten der Reihe nach stehen lässt. Die letzten zehn Kilometer bin ich dann in 33 Minuten gelaufen – und als ich ins Ziel kam, war ich dann 174. Aber das war gar nicht mein erster Gedanke. Als ich über die Ziellinie gelaufen bin, habe ich mir eines vorgenommen: Ich komme wieder.«

**Nach Hawaii I: Das Gefühl, ein Engel zu sein**

Aber so rasch ging das nicht. Denn zuerst musste Resnik direkt vor Ort seinen ersten Ironman verarbeiten. Auch wenn er vor dem Rennen schon bemerkt hatte, dass Hawaii anders war als alles, was er bisher erlebt hatte – so richtig bewusst wurde es ihm erst danach. Die Schock-Akklimatisierung seines Trainers hatte den Sportler gut abgeschirmt und isoliert – und auch das Gute und Angenehme, das da durch die dicke Schutzschicht gedrungen war, spürte, lebte und erlebte Resnik deshalb erst, als die Schutzschicht auch gegenüber den »bösen« Einwirkungen löchrig zu werden begann.

»Ich war ja schon vor 1984 bei großen Veranstaltungen,« erzählt Resnik, »bei Weltmeisterschaften, Europameisterschaften und anderen militärischen Groß- und Sportveranstaltungen. Aber so etwas wie Hawaii hatte ich einfach noch nicht erlebt. Da stehen 100 000 Leute entlang der Strecke – und alle schreien und gehen mit. Die tragen dich bis ins Ziel.« Konzentration, so Resnik, sei zwar wichtig – aber im Unterschied zu Sprintveranstaltungen oder gar Skirennen, »hat man bei Ausdauerevents die Zeit und das Bewusstsein, das voll mitzubekommen.« Und bei seinem ersten Auftritt in Hawaii war es nicht zuletzt das Publikum, das ihm geholfen habe, wieder zu seiner eigenen Form zu finden: »Das Publikum trägt dich mit.

Und zwar jeden Athleten, auch den Allerallerletzten. Das ist das großartige in den USA – und damit hatte ich nicht gerechnet.«

Er habe, lacht Resnik heute, Hawaii und den Triathlon ja vor allem aus der Fernsehserie »Magnum« gekannt (»Da wirkt die Veranstaltung ein bisserl kürzer«). Aber dann, vor Ort, habe ihn die Begeisterung des Publikums geradezu in einen Rausch versetzt: »Da stehen dicke, fette Amerikaner mit kurzen Sporthosen am Straßenrand. Genau so, wie es dem Klischee entspricht. Richtige McDonald's-Figuren im klassischen Sinn. Aber die feuern dich an. Mit Leib und Seele: Du kannst dort als Leiche spazieren gehen – sie werden dir immer noch zurufen, dass du eine fantastische Performance bringst, dass du super aussiehst und dass du stolz auf dich sein kannst. Sie feuern bis zum allerletzten Läufer, bis zur letzten Sekunde alle Athleten an. Das sind Gefühle und Eindrücke, die du aus Österreich nicht kennst. Hier rennst du eine Staatsmeisterschaft und es stehen hundert Hanseln am Rand – und das sind Familienangehörige, die du ewig kennst. Aber dann rennst du als absoluter Nobody in den USA – und ganz Amerika feuert dich an.«

In Hawaii, erzählt Resnik, habe er das erste Mal miterlebt, wie ein Wettkampf der Superlative aussieht.

Trotzdem, meint er, müsse man da trennen: Auf der einen Seite stehe zwar das Spektakel – auf der anderen bleibe aber immer noch der Sportler. »Egal, wie viele Leute dich anfeuern und dir helfen, im Endeffekt musst du die Leistung selbst bringen. Auf der Strecke bist du trotz allem immer ganz alleine. Das ist bei jedem Wettkampf so: Vor dem Wettkampf ist jeder Athlet nervös und hat das Gefühl, dass er nicht genug trainiert oder falsch trainiert hat. Da bleibt dir nur, was du weißt. Was du im Kopf hast. Deine Werte und deine Vorbereitung – aber ob es ein guter Lauf wird oder nicht, merkst du erst nach dem Start.« Das sei, ist Resnik sicher, im Wettkampf auch bei Profis nicht anders als bei einem Hobbyläufer, der seine Laufrunden absolviert: »Es gibt Tage, da geht gar nichts.

Und manchmal läuft es wie von selbst. Da gibt es dann keine Beschwerden, keine Mühsal und keine Schmerzen: So muss sich ein Engel fühlen, wenn er fliegt – aber ob du fliegst oder nicht, weißt du immer erst, wenn du schon unterwegs bist.« Engel? Fliegen? Resnik zuckt mit den Schultern: »Das mit dem Engel klingt vielleicht kitschig – aber es war so. Vielleicht ja auch, weil die Rahmenbedingungen so anders waren. Ich hatte in meinem Leben ja damals noch nicht viel anderes als Jesolo oder Caorle oder den Norden gesehen – Schweden oder wo wir mit dem Militär halt hingeflogen sind. Und dann Hawaii? Wow! Und dort hat halt wirklich alles zusammengepasst.«

Hawaii 1984 war deshalb weit mehr als ein Meilenstein in seiner Karriere, betont Resnik. Es war ein Gefühl. Die Bestätigung, das Richtige gefunden und getan zu haben. »Wie ich da über die Ziellinie gelaufen bin, habe ich gewusst, dass das etwas ist, was mir niemand mehr wegnehmen kann. Ein Feeling, das nur mir gehört – und das mich mein ganzes übriges Leben begleiten würde. Vielleicht kann man es mit dem Gefühl vergleichen, wenn man zum ersten Mal Sex hat. Aus einer männlichen Perspektive heraus – ich weiß ja nicht, wie das für Frauen ist. Aber beim ersten Mal ist es eben etwas ganz Besonderes – das bleibt dir. Egal wie schön die Frau war – oder auf welchem Platz du deinen ersten Triathlon beendet hast.«

Freilich war trotzdem klar: Nicht nur Resniks Inneres, auch seine Umwelt reagierte sehr intensiv darauf, dass da erstmals ein Österreicher den – soweit damals bekannt – härtesten Sportbewerb der Welt erfolgreich absolviert hatte. Resnik vergleicht die Reaktionen bei seiner Rückkehr ganz gerne mit dem österreichischen Everest-Bewusstsein: »Jeder weiß, dass Edmund Hillary und sein Sherpa Tensing die Ersten am Gipfel waren – aber in Österreich denkt trotzdem jeder zuerst an Reinhold Messner.«

Darum stört es ihn auch nicht, dass der Triathlon heute »fast etwas Touristisches ist, so wie Himalaja-Gipfel auch. Sicher, Spaziergang ist das keiner – aber es machen schon ziemlich viele Leute.« Dass es andere heute leichter haben, Akzeptanz und Sponsoren zu finden oder dass der Triathlon längst eine anerkannte olympische Disziplin ist, während man ihn seinerzeit noch als Spinner abqualifizierte, stört ihn nicht: »Ich war der Erste, der Pionier in Rot-Weiß-Rot – und es ist ein wundervolles Gefühl, dass viele Dinge, die der Spinner Resnik als Erster gemacht hat, dann eine Lawine ausgelöst haben: Ich bin später um die Welt geradelt – und jetzt will einer um die Welt laufen. Er beruft sich da auch auf mich. Gibt es ein größeres Kompliment?«

Außerdem war das mit dem »Spinner« ohnehin rasch vorbei, als Resnik 1984 im Triumph zurück nach Österreich kam: »Natürlich, das war großartig!« Resnik genoss es in vollen Zügen, in der Heimat dann Everybody's darling zu sein, von Interview zu Interview, TV-Auftritt zu TV-Auftritt und Sportevent zu Sportevent gereicht zu werden. Und plötzlich stand Resnik dann bei einem von der Sporthilfe initiierten, damals ziemlich populären spielerischen Wettkampf, der Sporthelden verschiedenster Disziplinen in einem TV-gerechten »Zehnkampf der Superstars« zusammenbrachte: »Ich bin da plötzlich mit Leuten in einem Bewerb gestanden, die bis dahin meine Idole waren – das war schon komisch.«

Weniger komisch war, dass Resnik zur Halbzeit des Bewerbes mit deutlichem Abstand vor Österreichs populärsten Ski- und Fußballhelden führte, weil er inzwischen universell belastbar war: »Ein hoher Funktionär der Sporthilfe hat mich zur Seite genommen und mir zugeflüstert, dass die Leute das Interesse an dem Event verlieren, wenn da einer, den man kaum kennt, alle Nationalhelden pulverisiert.«

Resnik verstand den Wink mit dem Zaunpfahl und bremste sich ein. »Aber das Stockerl habe ich mir nicht nehmen lassen. Ich habe meine Leistungen genau so gedrosselt, dass ich Dritter geworden bin.« Denn ums Gewinnen, betont er, sei es ihm nie gegangen. Zumindest nicht darum, gegen andere zu gewinnen: »Der einzige Gegner bist immer du selbst,« doziert Resnik, »als ich das erkannt hatte, interessierte es mich ja auch nicht mehr, wegen einer Zehntelsekunde in einer Laufdisziplin ein halbes Jahr Training zu investieren – ich suchte neue Herausforderungen.« Dass er da gerade im Jänner 1984 auf den Ironman stieß, war Zufall. Ein glücklicher Zufall. Aber an Zufälle glaubt Resnik nur bedingt: »1984 war toll – und jetzt wusste ich, worum es dort ging und wie das Rennen funktionierte: Ich konnte mich auf den Ironman 1985 optimal vorbereiten.«

# Jagd nach Mehr

## Steigerungen: Hawaii II (1985), Alabama I (1986), Alabama II (1987)

**Hawaii II**

Beim zweiten Mal war dann alles wunderbar einfach. Entspannt. Zwar nicht gerade ein Spaziergang, den man zwischen Mittagessen und Jause absolviert, aber längst nicht mehr die große, unbekannte und Furcht einflößende Unternehmung, die Hawaii 1984 noch für den Soldaten dargestellt hatte. Das lag jedoch auch an den Rahmenbedingungen. »Manchmal«, resümiert Resnik, »kommt man im Leben vom Regen in die Traufe – aber in dem Fall kam ich vom Regen ins Paradies.«

Und diese paradiesischen Zustände hatten schon lange vor dem Bewerb im Oktober 1985, eigentlich schon knapp nach der Rückkehr vom ersten Ironman 1984 begonnen: Resnik war plötzlich eine Berühmtheit. Dass ihn die Österreichische Sporthilfe bei Großveranstaltungen neben Ski- und Fußballstars platzierte, war nur das sichtbarste Zeichen dafür, dass sich da Grundlegendes geändert hatte: Die Manager der Organisation hatten nach dem Erfolg von Hawaii 1984 beschlossen, Resnik zu fördern, materiell und logistisch. Plötzlich gab es Sponsoren, Unterstützung und – nicht unwesentlich – mediale Aufmerksamkeit für den komischen Kauz, der da als erster Österreicher bei einem damals noch als »Spinnerei« verlachten Event 3,8 Kilometer geschwommen, 180 Kilometer geradelt und 42,1 Kilometer gelaufen war. »Aber jetzt war ich Everybody's darling: Ich mochte jeden – und jeder mochte mich. Weil ich, der arme Bauernbub aus der Steiermark, in die Welt gezogen war und es allen gezeigt hatte.« Und beim zweiten Mal, lautete das Kalkül der Funktionäre, würde dieser Sepp dann richtig zuschlagen: Ein Platz unter den ersten 100 müsste drin sein.

»1984«, erinnert sich der Athlet, »war alles dürftig. Die Bedingungen waren eigentlich katastrophal. Nach 20 Stunden Flug fast unmittelbar an den Start zu gehen, würde heute niemand mehr auch nur andenken – aber das war alles Geschichte. 1985 kam ich eine Woche vor dem Event nach Hawaii und bezog in einem Luxushotel unmittelbar neben dem Start eine ganze Suite. Ich ging nur zum Trainieren hinunter und bin danach gleich wieder auf meinem Zimmer verschwunden.«

Während Resnik sich auf den Wettbewerb vorbereitete, mussten diesmal auch andere arbeiten: Der ORF (Österreichs staatliche Rundfunkanstalt) war mit Kamerateams und Reportern mitgefahren. Die Journalisten aus Österreich mussten sich an der Strecke positionieren – denn so organisiert wie die amerikanischen Medien war man damals in Europa längst noch nicht: »Hawaii war damals schon ein Megaereignis – nicht nur wegen der 100 000 Zuschauer entlang der Strecke, auch medial. Da waren mindestens fünf Hubschrauber in der Luft, die nur für Interviews unterwegs eingesetzt wurden: Der Reporter wurde am Flaschenzug abgeseilt und plauderte mit dir, während du Rad gefahren bist.« Aber zuerst einmal musste das Rennen überhaupt beginnen.

Sepp Resnik hatte ein ganzes Jahr lang gezielt für diesen einen Tag trainiert. Und zwar neben seinem regulären Beruf. »Training gab es immer nur in der Freizeit. Mein Dienst dauerte ja bis 16 oder 17 Uhr, danach machte ich zwei Stunden Pause, und dann begann das Training.« Die Dosis war dennoch etwas deftiger als das, was man heute unter »Freizeitsport« verstehen würde – und dauerte meist

Alabama 1986: Alleine in der Wechselzone vom Radfahren zum Laufen …

… Resnik bei seinem ersten Doppeltriathlon.

bis fünf Uhr morgens. Oder so lange, bis der Schlaf Resnik einfach – im Wortsinn – auf die Matte drückte: Das tägliche Training begann mit 10 bis 20 Laufkilometern, gefolgt von vier Stunden auf dem Rad und danach von Krafttraining in der Kraftkammer. »Manchmal bin ich da wirklich unter den Hanteln eingeschlafen – aber ich bin stolz darauf, dass ich auf der Militärakademie, im Dienst, nie darum gebeten habe, mich zu schonen oder um eine Auszeit bitten musste.«

Aber als Sepp Resnik im Oktober 1985 in Hawaii die anderen Starter sah, dachte er dennoch: »Irgendwas habe ich falsch gemacht.«

Denn das Starterfeld war – gelinde gesagt – Ehrfurcht gebietend. Physisch ebenso wie psychisch: »Wenn du neben einem riesigen austrainierten Chinesen stehst, der dir erzählt, dass er das ganze Jahr über nur trainiert hat und das 14 Stunden am Tag, holt dich das schon ein bisserl runter.« Dann waren da noch die Amerikaner: »Die ersten 100 Starter waren gesetzt – und die ersten 40 waren Superstars. Damals schon. In den ersten Startreihen stand keiner, der nicht seine eigene Bekleidungslinie gehabt hätte. Die hatten etwa den Status wie bei uns Franz Klammer (Skilegende und Abfahrts-Olympiasieger, Anm.) in seiner besten Zeit auf der Streif.« Die Stars kamen mit ganzen Heerscharen von Betreuern und mit Material, das für den Steirer wie aus einer anderen Welt wirkte: »Die Helme, die ich da zum ersten Mal gesehen habe, trägt man heute beim Einzelzeitfahren der großen Radrundfahrten. Damals hatten wir von alledem noch nicht einmal gehört.« Und beim ersten Mal, 1984, gibt Resnik lächelnd zu, hatte er vielleicht gar keine Augen für all diese Details und diesen Firlefanz gehabt.

Aber nach dem Startschuss waren Ehrfurcht und Staunen wie weggeblasen: Resnik schwamm, radelte und lief – und »es war einfach super: Beim zweiten Mal kennst du die Strecke so gut wie auswendig. Du weißt, wo welche Kurve ist, wo welche Steigung kommt, wo man seine Energiereserven einsetzen muss und wo man attackieren kann.« Das sei, meint der Ironman, genau so wie bei einem Hobbyläufer: »Die gewohnte Strecke kommt einem beim zweiten Mal kürzer vor – und ich kannte nicht nur die Strecke schon, sondern hatte auch ein ganzes Jahr lang Zeit gehabt, mich auf jede Kurve und jeden Schritt vorzubereiten.« Und so wusste Resnik diesmal nicht nur theoretisch und ungefähr, was der »Mumuku« ist – sondern war »einfach nicht mehr überrascht«, als ihn der scharfe, böige Wind dann auf dem Rad erwischte: »Ich konnte damit umgehen – und das machte es leichter. Es war die Kombination aus Erfahrung und Vorbereitung, die diesmal den Unterschied machte.«

Da schwingt auch ein wenig Wehmut mit. Weil das erste Mal eben doch immer etwas Besonderes ist. »Das ist wie beim ersten Date – da hat man schweißnasse Hände und Flugzeuge im Bauch und keine Ahnung, was daraus werden kann oder soll oder wird – und egal wie schön eine Beziehung dann ist: Dieses Gefühl hat man nicht mehr.«

Aber über solche Details denkt man erst später nach, unterwegs zählten andere Dinge. Etwa der ewige österreichische Kleinkrieg gegen die großen nördlichen Brüder, die Deutschen. Schon 1984 hatte Resnik sich zum Ziel gesetzt, die deutschen Athleten zu schlagen und sich einen Spaß daraus gemacht, den deutschen Spitzenmann zu ärgern. 1985 waren »dann etwa 60 Deutsche am Start – aber ich war immer noch der einzige Österreicher. Mittlerweile wusste ich auch, dass ihr Spitzenmann nicht nur Profi war, sondern auch das ganze Jahr über auf Hawaii lebte und trainierte. Na, das ist schon was anderes als Feldbach, die Steiermark oder der Sportplatz einer Kaserne. Aber ich habe ihn wieder geschlagen.«

Und nicht nur ihn: Nach 10 Stunden und 32 Minuten kam Sepp Resnik ins Ziel des 8. Ironman-Rennens. (Der Sieger, Scott Tinley, war etwa zwei Stunden schneller. Und er hatte eine Revolution eingeleitet: Zum ersten Mal war ein Radfahrer mit einer jener super-aerodynamischen Lenkstangen, wie man sie bis dahin nur bei Bahnrennen gesehen hatte, ein Straßenrennen gefahren. Heute ist derlei bei jedem Zeitfahren eine Selbstverständlichkeit.) Resnik war glücklich: Er war exakt eine Stunde schneller unterwegs als im Vorjahr – und hatte genau 100 Plätze gut gemacht: Er war 74. geworden – von 1350 Startern. 1984 war er von 1260 Startern 174. geworden.

Aber das war erst der Anfang: »Ich bin über die Ziellinie gelaufen und habe gewusst: Super, wenn ich hier noch einmal antrete, dann gewinne ich. Dann bin ich hier unschlagbar.« Und davon ist Resnik bis heute überzeugt. Nicht aus Überheblichkeit, sondern weil er mittlerweile auch einiges über Trainingstheorie gelernt hat: »Einfach formuliert ist es so, dass das Training für solche Belastungen erst nach einem Jahr voll zum Tragen kommt – aber nur, wenn man ständig voll trainiert.«

Das wussten auch Trainer, Sponsoren, Funktionäre und Betreuer – und deshalb war es im österreichischen Triathlonteam nach dem ersten Jubel eigentlich eine ausgemachte Sache, dass man wieder kommen würde: Hawaii 1986 sollte ein rot-weiß-roter Triumph werden. Das kleine Österreich würde es der Welt zeigen.

Aber es kam anders. Ganz anders. »Auf dem Rückflug nach Europa habe ich mit einem anderen Triathleten geplaudert. Er hat mich gefragt, was ich als Nächstes plane. Und ich habe ihm gesagt, dass ich wieder käme. Diesmal, um unter die ersten Drei zu kommen. Weil das der härteste und schwierigste Bewerb der Welt sei. Der Kollege hat mich angeschaut und den Kopf geschüttelt: Es gäbe da in Alabama einen noch härteren Bewerb. Einen Doppelten Triathlon.«

### Alabama I (1986)

Sepp Resnik fiel damals aus allen Wolken: Noch härter? Noch anspruchsvoller? Noch extremer? Und es war »wieder so wie damals, als ich im deutschen Fernsehen die ersten Ironman-Bilder sah: Da ging der Vorhang zu etwas auf, was ich unbedingt haben wollte.« Noch im Flugzeug fiel die Entscheidung: Sepp Resnik würde nie wieder nach

Hawaii kommen, um dort zu laufen – weil ein einfacher Triathlon zu einfach ist. Am liebsten, sagt er, hätte er den Flieger sofort umgeleitet. Nicht nach Europa, sondern nach Huntsville/Alabama. Aber statt den Piloten zur Kursänderung zu zwingen, setzte er sich zu seinem Trainer Hans Schackl. »Du, Hans, das mit Hawaii ist vorbei – ich werde nicht mehr antreten. Weil es in Alabama einen doppelten Bewerb gibt.«

Schackl, sagt Resnik, habe nur genickt. Und im Kopf rasch überschlagen, was das bedeutete und wie das Training für die doppelten Distanzen anzulegen sei. »Der Hans hat genauso wie ich dazugelernt: Eineinhalb Jahre davor haben wir beide praktisch gar keine Ahnung gehabt, was ein Triathlon überhaupt ist – und dann war das plötzlich alles ganz logisch und einfach.«

Nicht alle waren von Resniks neuester Idee hellauf begeistert. Man versuchte ihn umzustimmen. Zu überreden. Zu locken. Aber Resnik trainierte sofort mit einem einzigen Ziel: 7,6 Kilometer Schwimmen, 360 Kilometer auf dem Rad und 84,2 Kilometer Laufen. »Alles andere war mir nicht wichtig.«

Doch so einfach war die Sache nicht: Der organisierte Sport hatte in Resnik investiert. Man hatte ihn unterstützt, aufgebaut und protegiert. Nur aus Sympathie für den kernigen Kerl war das nicht geschehen, man wollte Resultate sehen. Und dass Resnik das Zeug zum Sieger in der potenziellen Zukunftstrendsportart Triathlon hatte, stand bereits fest. Das war eine sichere Bank. Davon, die Investition »Resnik« einfach ins nächste ungewisse Abenteuer ziehen zu lassen, sollte – ja durfte – gar keine Rede sein. Man bearbeitete den Athleten, redete ihm zu wie einem kranken Pferd. Beschwor ihn. Aber ohne jeden Erfolg.

Und darum setzte man ihm zuletzt Daumenschrauben an, stellte ihm ein Ultimatum. »Genau einen Tag vor dem Abflug hat man mich zu einem großen Abendessen eingeladen. Mit Freunden und Familie und Trainer und allem. Dort hat man mir dann das Messer an den Hals gesetzt.« Resnik solle das Wahnsinnsunternehmen Huntsville so-

Alabama 1986: »Ich bin gelaufen …

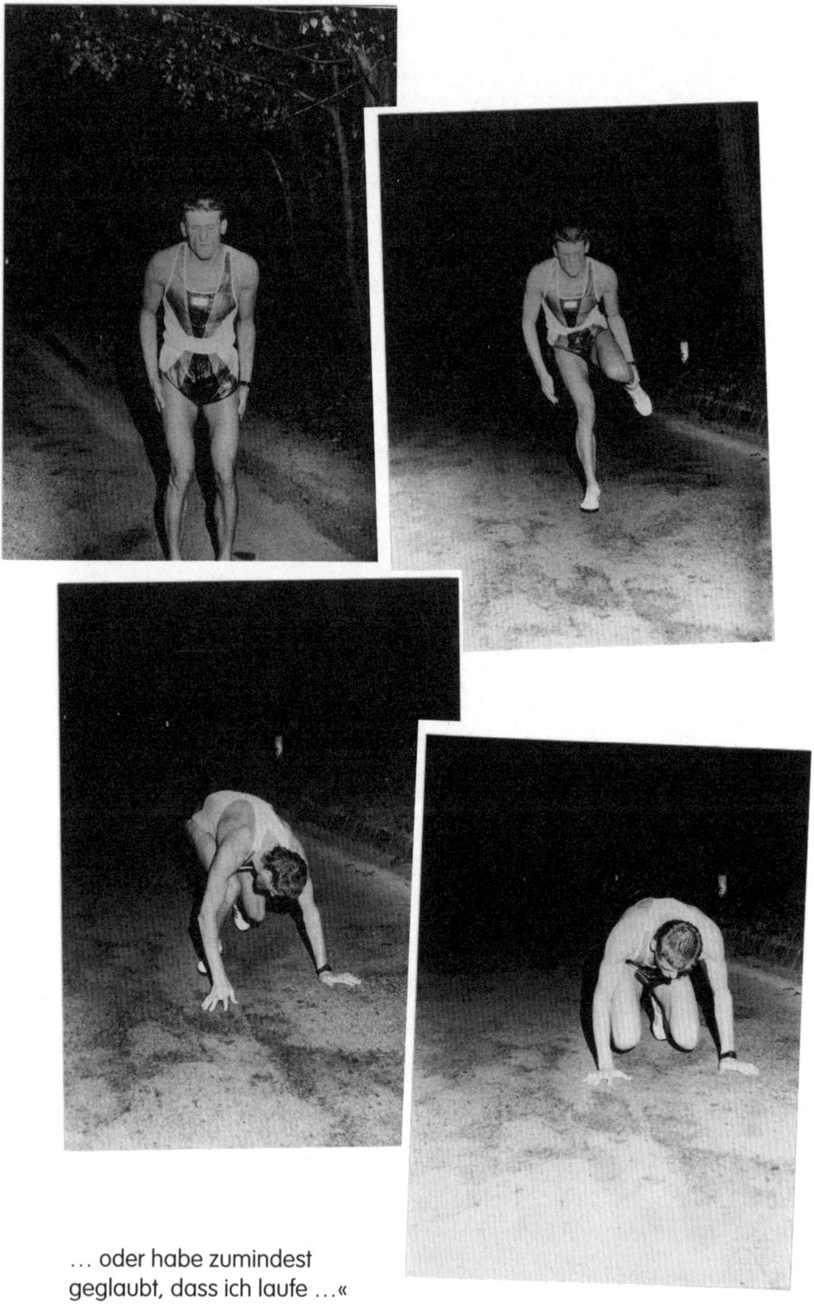

… oder habe zumindest
geglaubt, dass ich laufe …«

fort aufgeben. Es sei unverantwortlich und gefährlich. Niemand könne so ein Rennen unbeschadet durchstehen. »Und wenn ich in Alabama statt in Hawaii an den Start ginge, wäre das das Ende jeglicher Unterstützung. Und zwar per sofort. Ich habe mich für das gute Essen bedankt und bin packen gegangen.«

Sepp Resnik ist nämlich ein sturer Hund: Am nächsten Morgen ging er zur Bank, behob 100000 Schilling (etwa 7300 Euro) in Cash, zog einen schwarzen Trainingsanzug an (»weil der nicht so rasch dreckig wird«) und machte sich auf den Weg in die USA. Ganz alleine. Ohne Trainer, Betreuer, Masseure, Techniker oder Medientross. »Im Flieger nach Frankfurt ist zufällig der Teddy Podgorski (damals Generaldirektor des ORF) neben mir gesessen. Der hat mich immer protegiert und mir immer ganz tolle Sendezeiten und Beiträge verschafft. Ich habe vor lauter Angst, dass meinem Fahrrad auf dem Flug etwas passieren könnte, die Laufräder mit in die Kabine genommen. Und wie ich so dasitze mit meinem schwarzen Trainingsanzug und den Rädern am Schoß, beugt er sich zu mir rüber und sagt: ›Gib schon her, du musst nicht beide Räder halten‹. Er hat sich seinen Khaki-Anzug völlig ruiniert – das hat mich sehr berührt. Und es war die einzige Unterstützung, die ich für dieses Rennen bekam.«

In Alabama glaubten Ray und Nancy Sheppard, die Erfinder des 1985 erstmals ausgetragenen, damals einzigen Doppeltriathlons der Welt, einen Spinner vor sich zu haben. Laut Reglement musste jeder Teilnehmer mindestens vier Betreuer und einen Wagen mitbringen. Weil die Strapazen und die Betreuung – von der Ernährung über Equipment bis zu psychischem Zuspruch – anders nicht zu bewältigen wären. Aber dieser Österreicher mit dem markanten Kinn stand fünf Tage vor dem Rennen ganz alleine da – und sagte, dass er niemanden habe und niemanden brauche: Man solle ihn lediglich am Tag des Bewerbes doch bitte aus seinem Motel abholen – denn er werde sich nur dort aufhalten und nicht einmal die Strecke vorab inspizieren, weil ihm das Geld für einen Mietwagen fehle. »Die haben geglaubt, ich sei vollkommen verrückt. Sie könnten mich ruhig antreten lassen, nach ein paar Kilometern würde ich ohnehin aufgeben. Und ohne ein Minimum an Betreuung würde das an einer Stelle sein, an der es noch nicht gefährlich wäre.«

Doch dem war nicht so. Im Sommer 1986 stand Sepp Resnik dann nämlich bis zu den Hüften im Wasser des Tennessee River und wusste, dass er sich richtig entschieden hatte. Sicher: Er war allein. »Aber mein Bauch hat mir gesagt, dass das gut so war. Ich musste zeigen, was ich ganz allein und auf mich gestellt leisten konnte.« Angst, gibt Resnik zu, war da natürlich auch dabei. »Ich habe mich einfach in Gottes Hände begeben und bin ohne Uhr oder sonstige Hilfsmittel angetreten. Da waren nur die Strecke und ich – alles andere war egal.«

Der Tennessee River war kalt. Jeder Fluss fühlt sich nach ein paar Kilometern kalt an, wenn man ihn ohne Neoprenanzug durchschwimmt. Aber die Selbstverständlichkeiten von heute waren damals noch absolute Raritäten: Resnik schwamm in Badehose und einer weithin leuchtenden Badehaube. Letzteres, damit ihn der Pfadfinder, der zur Sicherung des Schwimmers in einem kleinen Kajak neben ihm dahinpaddelte, nicht aus den Augen verlöre. »Außer dem Buben war da nach ein paar Minuten niemand mehr zu sehen. Der Fluss hat alle anderen Schwimmer verschluckt. Irgendwo in den Wellen waren sie, habe ich mir gedacht. Und nur gewusst, dass ich bis zu dieser Brücke schwimmen muss und dann rechts raus soll. Und hinter einem Damm wäre dann die Wechselzone.«

Wie beim ersten Mal auf Hawaii hatte Sepp Resnik einen Albtraum: In die Wechselzone zu kommen und dort nur noch ein Rad – seines – zu finden. Letzter zu sein. »Das hat mich in den fünf Tagen im Motel geradezu verfolgt.« Aber als er dann über den Damm zu den Rädern kam, sah die Sache ganz anders aus: »Ich habe den Offiziellen dort gefragt, wie ich unterwegs bin – und er hat mir gesagt: Nicht schlecht, du bist derzeit hervorragender Dritter. Hinter dir kommt lange nichts.«

Es wäre nicht Sepp Resnik gewesen, wenn mit dem Athleten da nicht der steirische Lausbub durchgegangen wäre: Es müsse sich um einen Irrtum handeln, konterte der Schwimmer und deutete auf einen am Boden liegenden Mann. »Der lag da auf dem Rücken wie Jesus Christus. In den einen Arm wurde ihm eine Nährlösung eingeflößt, in den anderen Blut. Das war der Zweite. ›Aber der wird wohl noch ein bisserl liegen bleiben‹, habe ich gesagt – dann bin ich aufs Rad und losgefahren.«

Trotz dieses demonstrativen Optimismus ging Resnik aber nicht davon aus, an der Spitze zu bleiben: 360 Kilometer auf dem Rad, das steht alleine keiner durch. Irgendwann würde ihn das Feld einholen. Mit etwas Glück würde er dann noch genug Kraft haben, um sich an seine Verfolger und Überholer dranzuhängen. »Der zweite Platz hatte für mich nur punktuelle Bedeutung. Da würde noch so viel kommen – und ohne Betreuer, die dir alle paar Kilometer etwas zu essen geben, konnte ich doch gar keine Chance haben. Ich hätte mich auch nicht geärgert oder es als Niederlage gesehen, wenn die mich eingeholt hätten – nur aufgeben wollte ich nicht. Die Platzierung war mir egal.« Doch da kam niemand. Und zwar über 360 Kilometer.

»Ich bin gefahren und gefahren – und habe mit meiner toten Großmutter geredet, weil ich sonst niemanden hatte.« Resnik wusste: Wenn die Konkurrenten die Hand ausstreckten, war da immer jemand, der ihnen half. Aber bei ihm glaubten die Zuseher, dass er ihnen zuwinke. »Ich hatte nicht einmal einen Ersatzreifen dabei – und genau über diese Dinge habe ich mit meiner Oma geredet. Die hat mich als Kind immer sehr gern gehabt – und wen anderen hatte ich hier einfach nicht. Ich habe also meine Oma gebeten, mir zu helfen, nicht wegen eines technischen Defekts auszufallen.«

Trotzdem ging Resnik irgendwann die Kraft aus. »Und wie ich da am Tiefpunkt bin, kommt einer aus der Organisation vorbeigefahren und fragt mich, wie es mir geht. Ich sage: ›Nicht gut.‹ Und er antwortet: ›Das sagen die anderen auch alle.‹ Ich wollte wissen, wo die denn wären – und er meinte: ›Wenn du so weiterfährst, gibt es keine anderen mehr. Du fährst auf den Führenden zu.‹«

Und das, sagt Resnik habe ihm dann neue Kraft gegeben. Mehr, als es jeder Powerriegel aus dem Wagen eines Top-Sponsors gekonnt hätte: »Alabama ist mein größter persönlicher Erfolg geworden.« Aber ganz so ein Spaziergang, wie es beim ersten Erzählen den Anschein hat, war der doppelte Triathlon im Alleingang dann doch nicht: »Ich bin am Ende der Radstrecke in den Wechselbereich gefahren und konnte die Clips nicht mehr aufmachen. Ich habe den Veranstalter gebeten, mir die Pedalerie zu öffnen, sonst wäre ich nicht zum Laufen gekommen. Und dann bin ich eben gelaufen. 84 Kilometer – also zwei Marathons.«

Unterwegs, wann genau weiß Resnik nicht mehr, versagten ihm dann aber auch »mindestens einmal« die Beine den Dienst: »Ich bin durch eine dieser typischen US-Siedlungen mit Vorgarten und Einfamilienhäusern gekommen. Und vor einem klassisch-amerikanischen Briefkasten war einfach alles aus. Ich bin umgefallen und liegen geblieben. Der Besitzer ist aus dem Haus gekommen und hat geschaut, was da los ist – und ich habe ihn gebeten, mich aufzuheben und mich anzuschieben, dann würde ich weiter laufen können.«

Wobei, schränkt Resnik ein, »laufen« vielleicht ein Euphemismus gewesen sei – auch wenn es ihm selbst wie Laufen vorkam, dürften die letzten Kilometer für Zuseher wohl eher nach Wanken und Torkeln ausgesehen haben.

Und im Nachhinein, sagt Resnik heute, war das »Unternehmen Alabama« ja »wirklich Wahnsinn und jenseits der Grenze. Ich habe 16 Kilo abgenommen, weil das Versorgungssystem meines Körpers komplett zusammengebrochen ist. Da hat in der Zelle gar nichts mehr funktioniert. Ich war mit jeder Zelle, mit meinem Hirn, meinem Organismus und sogar meiner Haut komplett gefordert. Es war wie in einem Krieg: Ich war allein und an meiner Grenze. Mehr ging nicht. Ich habe angegriffen – aber ich konnte nicht mehr angreifen. Das klingt wie ein Widerspruch, ist

Training daheim. Resniks Triathlon-Outfit wirkte im Österreich der 80er Jahre geradezu futuristisch.

Nach dem zweiten Ironman nicht mehr der Spinner: Resnik mit dem Sporthilfe-Funktionär Dr. Gerold Krims, Hans Schackl und dessen Frau Lise Schackl

aber keiner. Ich konnte nicht mehr und habe trotzdem weiter gemacht.«

Sepp Resnik verpasste den »Weltmeistertitel« im Doppeltriathlon um eine Viertelstunde. Aber er fühlte sich dennoch wie ein Sieger: »Insgesamt war es großartig. Ich habe erkannt, dass ich alleine wirklich alles schaffen kann, was ich mir vornehme.« Und ob er Zweiter oder Fünfter oder Zehnter war, spielte keine Rolle, der Sieg über sich selbst war ihm das Wichtigste. Dass er es den Kleingeistern daheim in Österreich obendrein wieder einmal gezeigt hatte, machte die Sache natürlich noch schöner. »Hätte ich aufgeben müssen, hätte mir das weniger ausgemacht, als wenn ich wegen eines banalen technischen Defekts ausgeschieden wäre – ich hatte ja nicht einmal Ersatzreifen für mein Rad mit. Aber besser hätte es nicht ausgehen können – und zwar sowohl für mich selbst als auch für das Signal, das ich damit in Österreich gegeben habe: Ich habe ihnen gezeigt, dass es möglich ist. Dass sie sich irrten, als sie mich nicht fahren lassen wollten.«

Als Sepp Resnik in seinem schwarzen Trainingsanzug (»mittlerweile war er ziemlich dreckig«) wenige Tage später wieder in Wien aus dem Flugzeug stieg, stand am Fuß der Gangway ein großer Pulk von Menschen. »Ich habe mir gedacht: Auf wen warten die? Doch sicher nicht auf mich, verabschiedet hatte mich ja auch keiner.« Als Erster trat sein Trainer Hans Schackl auf ihn zu. Mit Tränen in den Augen. »Er hat sich entschuldigt, dass er nicht mitgefahren ist – obwohl er mich ja doch immerhin für Alabama trainiert hat. Dann hat er gesagt: ›Komm Bub, wir gehen jetzt heim.‹« Den Pokal in der einen, das Fahrrad in der anderen Hand und mit Schackls Arm um seine Schultern bahnte sich Resnik einen Weg durch die Traube aus Sportfunktionären und Reportern. Wortlos. »Wie ich weggeflogen bin, wollten sie nicht mit mir reden – jetzt hatte ich ihnen nichts zu sagen.«

Später, nachdem sich Resniks Körper etwa vier oder fünf Wochen lang von den Anstrengungen erholt hatte (»Auch meine Koordination war dahin: Ich wollte etwa eine

Tür aufmachen und knallte dagegen. Ich hatte meinem Körper einfach zu viel zugemutet – und alles falsch gemacht, was man falsch machen kann«, s. auch Gespräch mit Paul Haber, S. 142) – kam man trotzdem wieder zusammen: Resnik wollte noch mindestens einmal in Alabama starten.

**Alabama II (1987)**

»Diesmal war das wie in Hollywood. Ich bekam alles, wovon man nur träumen kann. Sponsoren, einen Dienstwagen, das allerneueste Material. Es hätte nicht besser laufen können.«

Aber dann meldete sich Resniks Körper. Gezwickt und gezwackt hatte es ihn ja schon länger, aber sowohl als Elitesoldat als auch als Spitzensportler war Resnik darauf konditioniert, Schmerzen nicht als das wahrzunehmen oder zu akzeptieren, was sie eigentlich sind: Alarmsignale. Dass sich da sein Blinddarm schon wochenlang gemeldet habe, sagten ihm die Ärzte, als er – sechs Wochen vor dem Start für den zweiten Doppeltriathlon in Alabama – dann mit einem Blinddarmdurchbruch auf dem Operationstisch lag. Aber für einen wie Sepp Resnik war das noch lange kein Grund, sich den Strapazen nicht trotzdem zu stellen: Drei Tage nach der Operation stand er schon wieder. »Ich habe einen verständnisvollen jungen Arzt gefunden. Der hat gesagt, er näht mich nicht richtig zu, sondern legt mir eine Drainage und fixiert die Bauchdecke. Oder so ähnlich. Und nach dem Rennen flickt er mich richtig zusammen.«

Und so wanderte Sepp Resnik wenige Tage nach der Blinddarmoperation das erste Mal wieder, 20 Kilometer. An seinem Rücken klebte ein Plastikbeutel, vom dem ein Schlauch zum resnikschen Bauch führte.

Nach fünf Tagen trainierte der Offizier wieder ganz normal. Und in Alabama trat er natürlich an: 7,6 Kilometer Schwimmen, 360 Kilometer Radfahren und 84,2 Kilometer Laufen. Ohne das eigentlich geplante Fernsehbegleitteam. »Die haben mich angeschaut und gemeint, ich schau nicht wie einer aus, der so ein Rennen übersteht. Geschweige denn wie einer, der bei so etwas starten sollte. Deshalb sind sie dann auch nicht mitgeflogen.« Aber immerhin hatte der rekonvaleszente Athlet diesmal Betreuer.

Und Sepp Resnik ist eben Sepp Resnik: Er kam durch – und zwar fast eine Stunde schneller als im Jahr zuvor: 24 Stunden, 47 Minuten und 25 Sekunden dauerte die Tortur 1987. Obwohl er »nur« Vierter (von 40 Startern) wurde, war das wieder einer dieser »großen Siege gegen den einzigen Gegner, der wirklich zählt: Ich selbst.« Und auch wenn der Sieg vor Ort für Außenstehende nicht wirklich wie ein Sieg aussah: Im Playboy beschrieb der österreichische Journalist Herbert Völker das Rennen und Sepp Resnik in einer großen, ausführlichen Reportage – und hat auch heute noch (siehe Interview S. 89) das Bild eines Mannes vor Augen, der weit über alle Grenzen des für ihn Machbaren hinaus gegangen sei.

Aber der Blick von außen, betont Resnik, ist eben nicht seine Perspektive: Alabama II war ein Sieg. Und es habe ihn nie gestört, dass er in Alabama (das Rennen wurde bis 1996 jährlich ausgetragen) nie gewonnen hat. »Ich habe meine Möglichkeiten voll ausgeschöpft. Das war mir genug. Ich besiege mich, nicht die Umgebung oder meine Mitkämpfer. Darum ist eine Niederlage auch nie eine Niederlage, sondern immer ein wichtiges Kapitel, um dazuzu lernen – also ein Sieg: Ich erkenne, was ich falsch gemacht habe. Und das hilft mir beim nächsten Mal.«

Allerdings sollte es kein unmittelbar »nächstes Mal« geben. Denn – der Mechanismus dürfte bereits bekannt sein – ein Mitstreiter des Doppeltriathlons schrieb Resnik nach Alabama II, er plane, bei sich daheim, in der Nähe von Grenoble, den ersten dreifachen Triathlon auszurichten. Ob Resnik mitmachen würde?

In diesem Augenblick war Alabama für Sepp Resnik Geschichte.

# Grenoble

**Aller schlimmen Dinge sind drei**
**Der erste Dreifachtriathlon**

Heute, sagt Sepp Resnik, wisse er ja, dass Grenoble Wahnsinn war. Und zwar nicht jene Form von Wahnsinn, bei der die Augen des Extremsportlers diesen schelmisch-bübischen Glanz bekommen, der verrät, dass in Sepp Resnik der Ehrgeiz und der Spaß an der Schinderei auf dem Weg zu und über die eigenen Grenzen hinaus erwachen. Grenoble war also nicht Resnik-Wahnsinn, sondern Wahnsinn-Wahnsinn. Aber im Nachhinein ist man eben immer klüger. Und außerdem: Sepp Resnik wäre 1988 in Le Fontanil (ein 2500-Einwohner-Ort bei Grenoble) wahrscheinlich auch dann an den Start gegangen, wenn er gewusst hätte, auf was für ein Himmelfahrtskommando er sich da einließ.

11,4 Kilometer Schwimmen, 540 Kilometer Radfahren und 126,6 Kilometer laufen. Alles en bloc. Aber diese Zahlen allein, meint Sepp Resnik, sagen über den ersten Dreifachtriathlon der Welt zu wenig aus. Weil sie das Setting, das Rundherum, die Rahmenbedingungen nicht beschreiben: »Die Veranstaltung fand im April statt. Auf Hawaii, in Kapstadt oder in Miami wäre das egal gewesen – aber Grenoble liegt eben mitten in Europa. Und da kann es im April auch noch schneien.« Oder zumindest saukalt sein.

Aber daran hatte Resnik nicht gedacht, als er im Februar einen Brief auf seinem Schreibtisch vorfand: Dominique Callard, ein französischer Doppeltriathlet, den Resnik seit seinem ersten Start in Alabama kannte, fragte seinen österreichischen Sportsfreund, ob er mit dabei wäre, wenn Callard eine Veranstaltung organisieren würde, mit der die Europäer den Amerikanern in Sachen Irrsinn den Rang ablaufen könnten: den ersten dreifachen Triathlon.

»Mir war schon vorher klar gewesen«, sagt Resnik heute, »dass dieses Thema irgendwann einmal aufkommen würde – bloß hätte ich gedacht, dass dieses Irgendwann frühestens in zehn Jahren aktuell wäre.« Denn davor, war der Soldat nach seinem zweiten Start in Alabama überzeugt gewesen, würde es einfach an Athleten mangeln, die genügend Erfahrung für ein derartiges Abenteuer mitbrächten: In Alabama waren im Sommer 1987 doch auch nur 40 Sportler an den Start gegangen – wer wäre aus diesem Sample wohl krank genug, sich die Alabama-Dosis um 50 Prozent verschärft zu geben?

Aber als Callards Brief vor ihm lag, erzählt Resnik, war ihm sofort eines klar: Er würde dort sein. Egal, wie viele andere noch anträten. Und weil Sepp Resnik Sepp Resnik ist, war an dieser Entscheidung auch nicht mehr zu rütteln, als er den Brief dann noch einmal durchlas – und sah, dass das Rennen schon im nächsten April stattfinden sollte.

Eigentlich hatte Resnik das Triathlon-Training nach Alabama II an den Haken gehängt. Fürs erste zumindest. Aber Resnik gab – wieder einmal – Vollgas. Sein tägliches Trainingspensum hätten andere bereits als vollwertigen Wettkampf durchgehen lassen: 25 Kilometer Laufen, zwei Kilometer Schwimmen, drei bis vier Stunden auf dem Rad. Dazu noch ein paar Stunden Gymnastik und Kraftkammer. Täglich. Und weil Resnik das Wort »Amateur« zeit seines Lebens wörtlich nahm, fand all das neben seinem regulären Job statt. Darüber, dass es neben Beruf und Training eventuell auch noch etwas geben könnte, was andere Menschen »Leben« nennen, habe er keine Sekunde gedacht: »Das war mein Leben. Dafür lebte ich: Ich hatte ein Ziel, einen Traum.«

Und zwar ebenjenen Traum, den auch Callard und 13 andere Starter träumten – und in dem ein Faktor einfach nicht vorkam – die Jahreszeit. Es schneite. Zumindest, erinnert sich Resnik, zeitweise. Immerhin, wegen des Wetters (und mangels eines 11,4 Kilometer langen Sees oder Flussstückes) fand der erste Teil des Bewerbes in einem Schwimmbecken statt. »In Wirklichkeit war es unmenschlich. Keiner hatte einen Vollneopren-Anzug, das gab es damals einfach nicht.« Resnik versuchte zu improvisieren:

Auf Fotos ist er mit einem den Oberkörper bedeckenden schwarzen Anzug zu sehen. »Ich habe mir einen Taucheranzug genommen und die Arme und die Beine abschneiden lassen. Aber das Ding war so schwerfällig, dass man sich trotzdem kaum drin bewegen konnte – und Arme und Beine froren uns trotzdem ab.«

Das Wasser hatte zwar 26 Grad – aber als Resnik nach vier Stunden und vier Minuten aus dem Wasser steigt, ist ihm kalt. Saukalt. Und wenn Resnik heute an chloriertes Schwimmbadwasser denkt, schmerzt ihn immer noch die Haut. Aber immerhin, nach dieser Etappe lag er an fünfter Stelle.

Das Schwimmen, merkten Resnik und seine zwölf Mitstreiter (einer hatte bereits auf halber Strecke aufgegeben), war bloß das Vorspiel gewesen, der angenehmste Teil des Rennens. Denn in der Nacht schneite es dann fast ständig. Und wenn es nicht schneite, regnete es. »Graupelschauer« nennt man diese Form von Eis- und Schneeregen auf Österreichisch – und bei so einem Wetter bläst dann meistens auch noch der Wind. »Du bist da auf dem Rad gesessen, hast dir das damals übliche Regenzeug übergezogen – und innerhalb von zehn Minuten warst du patschnass«, erzählt Resnik. »Du« bedeutet natürlich »ich.«

Der Kurs – 540 Kilometer – bestand aus drei Runden zu je 180 Kilometern, teils durch Grenoble, teils über Land. »Wir fuhren also durch die Berge. Die Strecke war viel zu steil. Die Organisatoren hatten es nicht geschafft, die Strecke für den normalen Verkehr sperren zu lassen. Wir fuhren – begleitet von Motorrädern – im vollen Verkehr.« Resnik lag im Mittelfeld – und das war, merkte er später, sein Glück: »Einmal hat sich auch mein Motorradguide verfahren. Aber wir haben den Weg zurück gefunden. Im Lauf des Rennens sind in der ersten Runde ein paar Fahrer ausgefallen, während sie in Führung lagen. Entweder verfuhren sie sich zu sehr – oder aber sie stürzten, weil sie zu schnell waren und die Strecke nicht gesichert war.« Resnik selbst, erzählt er, sei deshalb nur noch »auf Sicherheit« gefahren, soweit das unter diesen

Bedingungen überhaupt möglich war: »Bei einer dieser Abfahrten brüllte mein Betreuer Gerhard Schönbacher (der mehrfach an der Tour de France teilgenommen hat) vom Motorrad herüber, ich solle gefälligst bremsen. Ich raste mit über 60 Stundenkilometer bei strömendem Regen eine steile, kurvige Bergstraße hinunter. Der Gerhard hatte völlig Recht: Das war Wahnsinn – wegen der Kurven und der extremen Glätte der Straße bei der Kälte. Weder er noch ich wussten, was hinter der nächsten Kurve lag oder wie es da weiter ging. Das Problem war nur: Ich konnte einfach nicht bremsen. Meine Hände waren eingefroren. Da ging nichts mehr.«

Natürlich wäre es vernünftig gewesen, spätestens an diesem Punkt abzusteigen, beziehungsweise sobald es irgendwie ging, auszurollen und dann abzusteigen. Um ins Hotel, in die Wärme, ins Bett zu kommen. Aber Resnik fuhr weiter. »Wieso? Keine Ahnung. Das ist wie die Frage nach dem Sinn des Lebens. Da kann ich nur auf den Reinhold Messner verweisen. Der hat einmal gesagt, dass er die Frage nach dem Sinn des Lebens nicht beantworten kann. Weil das hieße, dass er Gott kennen würde – und den habe er noch nicht gesehen. Es gibt wahrscheinlich einen Typ Sportler, der in so einer Situation aufhört. Und einen, der wenigstens eine Pause macht – ich fahre weiter. Ich denke da nicht drüber nach. Die Herausforderung steht im Raum und ein Aufgeben … Nein, an so was denke ich nicht. Nicht eine Sekunde. Der Satz »Aufgeben gibt es nicht« ist mir noch zu nahe am Aufgeben dran: Der Gedanke ist einfach nicht da. Nie. Wenn etwas angefangen wird, dann wird es auch zu Ende gebracht.«

Und so fuhr Sepp Resnik weiter. Mit eingefrorenen Fingern. Mit Kreislaufproblemen. Mit Nierenschmerzen. Umwabert von den Russ- und Dieselschwaden der LKWs. Und in der Dunkelheit. Die Temperatur sank auf und dann unter den Gefrierpunkt: »Wenn Kälte in den Körper kommt, kriecht sie durch die Gliedmaßen bis ins Hirn. Und gelangt früher oder später ins Herz.«

Resniks Betreuer tun, was sie können. Sie stopfen den

Dress ihres Mannes mit Zeitungspapier aus, wickeln seine Füße mit Plastiksäcken ein und verkleben die so gut es geht wasserdicht über den Pedalen. »Das hat geholfen. Eine Zeit lang zumindest.«

Nach 24 Stunden hat Resnik die Hälfte des Bewerbes hinter sich und ist immer noch Fünfter. Aber sein Rückstand auf die Führenden ist groß. Hinter ihm fällt ein Teilnehmer nach dem anderen aus dem Rennen. So wie er haben die meisten von ihnen nur wenige Wochen Zeit gehabt, sich auf die Veranstaltung vorzubereiten – die Führenden aber sind Extremsportprofis. »Das hat mich beruhigt. Ich wusste, dass ich nichts falsch gemacht habe.«

Zwischen dem Radfahren und dem Laufen gönnt sich Sepp Resnik eine Pause. 90 Minuten im Hotelbett. Nach 540 Kilometern auf dem Rad und vor einer dreifachen Marathonstrecke: 126,6 Kilometer. Der Lauf wird zur Tortur, erzählt Resnik – und das, obwohl er zuvor eigentlich schon das Radfahren »ziemlich unmenschlich« gefunden hat. Unterwegs schwellen ihm die Füße so stark an, dass man ihm neue Laufschuhe bringen muss – zwei Nummern größer als die, mit denen er sonst unterwegs ist. Auch die Beine haben eine unnatürliche Dicke angenommen. Achilles- und andere Sehnen schmerzen zum Aus-der-Haut-Fahren. Und Resnik ist – nach etwa zwei Marathons – auf den siebenten Platz zurückgefallen. Neun Mann sind noch im Rennen. Aber langsam wird die Zeit knapp: Auch wenn es noch keine Erfahrungswerte gibt, gibt es doch eine Schlusszeit – und wer die verfehlt, kann genauso gut schon vorher aufgeben.

Aber Sepp Resnik kommt durch. Rechtzeitig. 51 Minuten vor der Deadline. Nach 59 Stunden, 8 Minuten und 49 Sekunden überquert der Österreicher die Ziellinie des ersten Dreifachtriathlons von Le Fontanil als Fünfter – von fünf Läufern, die das Rennen beendeten. Der Sieger, der US-Amerikaner Ken Wiseman, brauchte 39 Stunden 38 Minuten und 40 Sekunden.

»Wie ich ins Ziel gekommen bin, war der schon wieder halbwegs auf den Beinen. Ich glaube, er war gerade essen,

Vor dem Start zum ersten Dreifach-Triathlon: Resnik im improvisierten Schwimmanzug …

… und beim Beginn der Radetappe (mit Gerhard Schönbacher). »Mir sind die Hände eingefroren …«

als ich ankam. Aber darum ging es nicht: Ich hatte mich besiegt. Wieder einmal. In Grenoble waren wir alle über dem Limit gewesen, ich war mir ganz sicher, es ist aus – aber es ging dann eben doch weiter. Bis zum Ende.«

Heute, weiß Resnik, klingen seine 59 Stunden für einen dreifachen Triathlon nach einer kleinen Ewigkeit: Schon 1990 etwa gewann mit Wolfgang Erhart das erste Mal ein Österreicher den Bewerb. In 37 Stunden, 38 Minuten und 40 Sekunden. Erhart gewann Grenoble dann auch noch 1992 und 1994.

Aber das stört Resnik nicht: »Zum einen wurde das Equipment revolutioniert. Aber vor allem wurde die Strecke angepasst. Und – das ist das Wichtigste – man hat aus dem Fiasko von 1988 eines gelernt: Die Termine für solche Veranstaltungen sind heute so gewählt, dass es nicht schneit. Man startet in der schönsten oder eben optimalsten Jahreszeit.« Trotzdem ist Resnik froh, beim ersten Mal und unter den damaligen Bedingungen dabei gewesen zu sein. »Die Anstrengung und die Herausforderung für jeden Sportler ist auch heute noch enorm – aber die Challenge, ob es überhaupt möglich ist, fällt weg. Man weiß, dass es das gibt. Das ist etwas, was schon dazukommt: Wenn du zum zweiten Mal wohin kommst, bist du um zwei Stunden schneller. Weil du weißt, was dich erwartet. Als Erster weißt du aber nichts. Gar nichts.«

Das war für Sepp Resnik allerdings keine neue Erkenntnis: Schon beim zweiten Mal in Hawaii hatte er am eigenen Leib erlebt, dass sich Erfahrungswerte in »bare« Zeit umsetzen lassen. Aus Grenoble, so der Extremsportler, habe er eine andere Lehre mit nach Hause gebracht: »Für mich war es entscheidend, schon unterwegs zu einer neuen Phase meines Lebens vorgestoßen zu sein: Bei so etwas, wusste ich schon auf der Strecke, bin ich nicht mehr dabei. Nur um Grenzen auszuloten, interessiert mich das in der Form nicht. Ich muss meine eigenen Wege gehen. Und der hatte mit Sekunden, Minuten oder Stunden vor oder hinter einem Mitbewerber nichts zu tun. Das lag nicht daran, dass ich Vierter oder Fünfter geworden war – einigen anderen, also denen, die vor mir lagen, ging es genau so: Wir mussten an der Grundidee arbeiten. Sie überdenken.«

Und danach, unmittelbar nach dem Bewerb, sagt Resnik, sei ihm dann klar geworden, was ihn irritierte: die Kombination aus Wettbewerb und Härtetest. »Diese Form hat mich nicht mehr interessiert. Ich habe gesagt: »Aus – ihr wollt nur wissen, wer der Beste ist, aber das ist mir egal. Ich steige aus. Ich mache da nicht mehr mit – mir ist wurscht, ob ich unter fünf Finishern Erster oder Fünfter bin. Ihr wollt also wissen, was der Mensch aushält? Na gut – dann mache ich es gleich allein.«

Ein französischer Triathlet – vermutlich, glaubt Sepp Resnik, war es Guy Rossi, der (inzwischen) mehrfache Weltmeister in 10- bis 20-fachen Triathlons – soll dann ausgerufen haben, dass »ich wohl verrückt geworden sein müsse. Ich könne doch nicht einfach einen 20-fachen Triathlon laufen.«

Rossi meinte das als Freund und im Scherz. Aber er hatte damit genau jenen Knopf erwischt, der bei Sepp Resnik schon immer alle Räder in Bewegung setzte: »Es war, als hätte ich auf diesen Satz nur gewartet. Das war die Motivation und der Auslöser: Ich wusste, dass ich nie wieder ein Rennen mit Startnummern laufen wollte – dass ich mir eine neue Herausforderung suchen würde.«

Resnik heute: »Bubi (der Hund, Anm.) wollte unbedingt bei der Manu sein – da habe ich ihn halt getragen. Weil er nicht so schnell ist.«

Erinnerungen an Feldbach: auf dem ersten Moped und mit der lokalen Jugendfußballmannschaft.

Beim Bundesheer: Jeder Offiziersanwärter muss auch eine Alpinausbildung absolvieren – und irgendwie gehört Schießen doch auch zu den Aufgaben eines Soldaten.

Als Sepp Resnik dann schon bekannter war: mit den Pokalen von drei Mal Hawaii und drei Mal Alabama im Schauraum eines Sponsors – und als Teilnehmer einer Promi-Rallye.

Motorisiert war Resnik aber nicht immer ganz glücklich: mit dem Society-Reporter Dominic Heinzl als Beifahrer bei einem Promi-Rennen als Hobby-Rallyepilot (verletzt wurde dabei zum Glück niemand).

Damals, 1984 auf Hawaii, als alles begann: Sepp Resnik am Ende des ersten Telbewerbes seiner allerersten Ironman-Teilnahme.

Die erste Autogrammkarte zeigt Resnik beim Rad Fahren 1984 auf Hawaii: Socken schrieb das österreichische Radverbandsreglement vor – und der Helm stammt eigentlich vom Eishockey.

Oben: die Einsamkeit des Doppel-Triathleten: 1986, irgendwo in Alabama: »Ich dachte sie würden mich einholen – aber da kam keiner.«
Unten: eine Hawaii-Impression von 1984.

## Ein Gespräch mit Herbert Völker

**»Er hatte diesen ungeheuren Trotz des Weitermachens.«**
Herbert Völker ist heute der Doyen des österreichischen Motor- und Autojournalismus. Als Resnik 1987 das zweite Mal in Huntsville antrat, begleitete Völker ihn – in einem offenen Cadillac. Nicht als Betreuer, sondern als Reporter des Playboy. Und das war Resniks Glück, erinnert sich der Journalist: Wäre nämlich er Resniks Trainer gewesen, hätte er den Mann aus dem Rennen genommen. Zu dessen eigenem Schutz.

Sie haben Resnik in Alabama begleitet. Wie kam es dazu?
**Völker:** Ich war damals Autor des Playboy, der 1987 noch ein viel ambitionierteres Magazin war. Die wollten eine große, schöne Ironman-Geschichte. Und da war zuerst gar keine Rede von Resnik – aber mein Bezug dazu war eben der Name Resnik. Ich habe meine Geschichte deshalb an seinem Beispiel aufgehängt und ihn gefragt, ob ich ihn begleiten kann, und zwar zum zweiten Doppel-Triathlon in Huntsville/Alabama. Schon damals haben mich manche Widersprüchlichkeiten der Person Sepp Resnik etwas irritiert – das hat man damals schon in Nuancen spüren können. Aber er hatte, das muss man ihm lassen, einen unheimlichen Willen und durchaus Substanz.

Wie war es dann in Alabama?
**Völker:** Das Rennen war arg – und typisch für Resnik, auch wegen des Grades der Desorganisation. Sein Betreuer kann kein toller Betreuer gewesen sein, der ist auf dem Flug nach Atlanta abgesprungen, weil er sich in eine Lufthansa-Stewardess verliebt hat. Der ist einfach nicht erschienen. Und so war Resnik auf sich alleine gestellt, beziehungsweise auf die Hilfe seiner Gastfamilie angewiesen. Man hat ja die Athleten bei Familien untergebracht, die sich vor und während des Rennens um sie

kümmerten. Die Familie hat Resnik betreut, verpflegt und so weiter – aber die sind dann auch im Laufe der Zeit eingegangen.
Und so war dann plötzlich ich als Einziger übrig. Ich bin in der Nacht in einem depperten Cadillac gelehnt und neben ihm hergefahren – und er war kurz vorm totalen Zusammenbruch. Und hinter ihm kam ein Japaner, der von seinem Team ganz phantastisch motiviert wurde: Da hockten drei Leute auf der Ladefläche des Autos und haben den Mann rhythmisch angefeuert.
Der Resnik hat mir vorher gesagt, es sei unbedingt wichtig, dass ich ihn auf die denkbar ärgste Weise beschimpfe, wenn er Zeichen des Einbruches zeige, wenn er drohe einzugehen. Ich habe dann geschimpft, wie ich es halt konnte: »Resnik, du faule Sau«, und was mir so einfiel – und er hat mit allerletzter Kraft herausgestoßen: »Bitte!« Pause. »Bitte!« Ich habe gefragt: »Sepp, was ist denn?«, und er röchelt noch einmal »Bitte« und dann nach einer Pause: »Halt die Goschn!«

Aber wie funktionierte Resnik? Sind bei diesen Rennen alle so drauf oder war er ein Sonderfall?
**Völker:** Da muss man schon ganz ehrlich sagen, dass die Leute, die dort gewonnen haben, ganz andere Typen waren. Das war fast eine neue Rasse von Sportlern. Er gehört der alten an, also der alten Schule. Er ist einer, der sich quält. Auf unglaubliche Weise. Auf eine Art, die man sieht und spürt – andere waren da längst ganz anders unterwegs, da war auch ein Mädchen dabei.
Die anderen konnten im Ziel nach einer Verschnaufpause wieder lächeln, während Resnik wirklich so aussah, als würde er im Wortsinn am Zahnfleisch daherkommen.

Allerdings war das ja auch knapp nach seiner Blinddarmoperation …
**Völker:** Stimmt. Da war diese Sache. Das war ja auch vollkommen idiotisch. Er hätte gar nicht antreten dürfen.
 Aber genau das ist ja auch Resnik. Das ist Teil dieser

ambivalenten Persönlichkeit: Er will etwas – und beißt sich deshalb durch. Mit Gewalt und ohne Rücksicht gegenüber sich selbst und anderen.
Ich weiß nicht mehr, ob ich das damals geschrieben habe: Es gab Zwangsstops, wo die Leute von Ärzten untersucht wurden. Resnik saß also in der Garderobe – und er hatte noch die Reflexe, die ihn weiterlaufen ließen. Aus meiner Sicht war der Mann zwar vollkommen erschöpft, aber der Arzt sah das anders. Und bei der Gelegenheit hat er mir seine komplett vereiterten großen Zehen hingehalten und gesagt »Stich hinein«. Aber ich konnte das einfach nicht. Zum Glück war irgend so ein junger Ami in der Garderobe und der hat sich ein Herz genommen und in den Zeh gestochen. Durch den Zehennagel. So, dass der Eiter über den Nagel oder durch den Nagel heraus konnte. Da hat er dann draufgedrückt – damit der Eiter rausspritzte.

Warum tut ein Resnik sich so etwas an?
**Völker:** Ich glaube, er will sich und der Welt beweisen, was geht. Wenn man solche Gene hat und ein Talent für diese Art der Quälerei, dann kommt man in diese Szene rein. Und er hat nicht ganz realisiert, dass er die Weltklasse knapp versäumt hat und nur in einem einzigen Rennen wirklich mit der Weltspitze mithalten konnte. Huntsville war in meinen Augen die erste Stufe des Niederganges, von seiner körperlichen Verfassung her: Der Sieger sah vergleichsweise frisch aus. Der hatte Kräfte, die er sich noch einteilen konnte. Und auch die anderen Teilnehmer vor Resnik sahen nach dem Rennen ganz anders aus. Die waren alle noch völlig intakt – und er ist gerade noch über die Ziellinie getaumelt.

## Der Ultimo

**Darf es etwas mehr sein?**

Ein 20-facher Triathlon sollte es also werden. Die ultimative Herausforderung. Mehr war einfach nicht vorstellbar. Aber da war, meint Sepp Resnik, etwas, was ihn an der Bezeichnung irritierte. Schließlich hatte er sich doch vorgenommen, etwas ganz anderes zu machen. Und mit »anders« meinte er »keinen Wettkampf«. Weil es ihm eben nicht mehr darum ging, andere auszubremsen, zu überholen, zu übertrumpfen oder zu besiegen: Nicht das Tempo – die Strecke war die eigentliche Herausforderung.

Wenn einer wie Resnik einmal erkannt hat, dass der einzige Gegner, mit dem zu ringen sich wirklich lohnt, in einem selbst schlummert, dann braucht er das Spielchen mit den Konkurrenten, die neben, vor oder hinter ihm unterwegs sind, nicht mehr zu spielen. Man habe, erzählt Resnik eins ums andere Mal, untereinander doch ohnehin längst gewusst, dass die Positionskämpfe bloß für ein Publikum stattfanden, das ohne Ranking, ohne Sieger und ohne Besiegte kein Interesse dafür aufbrachte, was da auf den Renn-, Schwimm- und Laufstrecken wirklich geschah. Aber verstehen, das weiß Resnik, konnten das ohnehin nur die allerwenigsten Zuseher – und die brauchten die Scharade mit den Startnummern genauso wenig wie er selbst: Ob man eine Strecke von über 500 Kilometern nun eine Minute, eine Stunde oder eine Sekunde schneller oder langsamer als irgendjemand anderer auf dem Rad zurücklegt, war wirklich egal – die Distanz alleine war schon Ehrfurcht gebietend genug. Und um unterwegs nicht darüber nachdenken zu müssen, wo die Mitstreiter denn seien, beschloss Resnik, das Rennen gleich alleine zu bestreiten: Er allein – gegen sich selbst.

Um alle mit dem Wort »Triathlon« assoziierten Wettkampf-Ideen auszuschließen, beschloss Resnik, sich für seinen ultimativen Lauf einen anderen Titel zu suchen. Auch, weil ihn das von dem Zwang zur Streckenmultiplikation befreien würde. Und was lag da näher als der Name »Ultimo«? Eben.

Blieb noch die Frage nach dem Ort: Der klassische Triathlon findet auf einem Rundkurs statt. In Grenoble etwa musste man an die 20 Runden laufen, um auf die dreifache Marathondistanz zu kommen. Aber tage- oder wochenlang im Kreis fahren und laufen, fand Sepp Resnik, wäre ziemlich langweilig. Noch dazu, wo er sich doch in den Kopf gesetzt hatte, die Welt zu seinem Stadion zu machen: Wenn der Ultimo schon enorme Distanzen überbrücken sollte, dann wäre es doch nur logisch, wenn man diese Strecken auch auf der Landkarte nachverfolgen könnte. Außerdem, so Resnik, wäre das ja auch für ihn, den Akteur, spannender: Landschaften, Menschen, Städte, und Kulturen – eine Reise, bei der der Weg das erste Ziel war.

Die Route ergab sich dann innerhalb weniger Tage, das Ziel sollte Wien sein. Und 20 Tage auf Achse, dachte Resnik, wäre in etwa das, was er sich zutraute. Dann nahm er die Europa-Karte und den Zirkel zur Hand – und kurze Zeit später stand die Route fest: Der erste Teil des Ultimo sollte Sepp Resnik über die Meerenge von Gibraltar führen – also von Afrika nach Europa. Distanz: 38 Kilometer – Luftlinie. Danach kämen fast 4000 Kilometer auf dem Fahrrad: Spanien, Frankreich, Italien, Schweiz – und dann, in Österreich, eine Fahrt von Feldkirch bis nach Salzburg. In Salzburg würde Resnik das Rad gegen die Laufschuhe eintauschen und die verbleibenden 330 Kilometer nach Wien laufen.

»Das waren Distanzen, die sich so keiner vorstellen konnte. Das sei unmöglich, hieß es. Wieder einmal.« Und auch wenn genau das (wir kennen diesen Mechanismus bereits) den Sportler noch mehr motivierte, gibt er heute zu, dass er damals eigentlich schon fast das Handtuch werfen wollte. »Weil ich mir gedacht habe, dass es viel zu anstrengend ist, das zu organisieren. Dass ich das nie auf die Beine stellen könnte. Aber dann habe ich gemerkt, dass ich das doch kann. Und da habe ich für mich beschlossen, nie wieder kürzere Dinge zu machen – weil ich ja ohnehin in der Lage bin, auch das Große zu organisieren. Materiell, logistisch und personell.«

Aber natürlich war dann alles anders. Die Erfahrung, dass man »bei jedem Abenteuer höchstens 50 Prozent vorher organisieren kann,« musste Resnik erst machen. Und eben auch erkennen, dass »die anderen 50 Prozent Glück, Schicksal, höhere Gewalt oder Gott bestimmen.«

Zu den von ihm selbst vorbereiteten 50 Prozent gehörten damals, am 4. September 1990, an einem Strand in der Nähe von Tanger, also auf afrikanischem Boden gegenüber von Gibraltar, ein Neoprenanzug, ein Motorboot mit einem ortskundigen Skipper, ein paar Betreuer und ein Sportreporterteam an Bord. »Ich bin am Strand gestanden, habe aufs Meer geschaut und habe mich auf den Weg nach Hause gemacht, nach Österreich.«

Resnik schwamm los und stellte rasch fest, dass er da einen Fehler gemacht hatte. Oder genauer, etwas vergessen hatte: Das Meer ist kein Fluss. Und schon gar kein Wettkampf-Sportbecken. Dort, wo Mittelmeer und Atlantik aufeinander treffen, gibt es nämlich Strömungen. Jede Menge Strömungen. Und die sind in der Praxis dann doch etwas anderes als auf dem Papier. »Ich bin ins Wasser gegangen und habe gedacht, ich kurbele da jetzt einmal eine Stunde ordentlich an. Aber ich bin nicht weitergekommen. 100 Meter nach vorne bedeuteten 200 Meter zur Seite. Oder zurück. Das war wie in einer Waschmaschine: Die Wellen haben mich um meine eigene Längsachse gedreht und nach kurzer Zeit hatte ich den Blickkontakt zum Begleitboot verloren. Schlimmer noch: Die konnten mich auch nicht mehr sehen – darum haben wir den ersten Versuch abgebrochen.«

Man wartete. Und startete nach ein paar Stunden noch einmal. Diesmal ging es. »Ich bin geschwommen und geschwommen – und hatte dauernd diesen Gedanken an einen riesigen Hai im Kopf. Keine Ahnung, wieso. Ich hatte keine Angst, aber da war ständig der Gedanke an einen

Hai – dass sich in dieser Gegend sogar die Fische schwarz anziehen, um den Viechern zu entgehen, habe ich erst nachher erfahren. Da habe ich meine Hausaufgaben nicht gemacht – und hatte einfach Glück.« Denn außer in seinen Phantasien sah Resnik auf der ganzen Strecke keine einzige charakteristische Rückenflosse.

Resnik schwamm. 17 Stunden. Ohne Pause. Obwohl, wirft er ein, das so nicht ganz stimmt: »Natürlich machst du Pausen. Du musst ja essen. Aber die Pause schaut so aus, dass du dich treiben lässt und sie dir vom Boot aus Fahrradflaschen mit Nahrung und Getränken zuwerfen. Das ist in so einem Fall die Erholung – aber angreifen darf dich keiner. Und sich am Boot, einer Boje oder einem Tau festhalten darf man auch nicht.« Als er nach 17 Stunden – wie viele Kilometer er da tatsächlich mit, gegen und rund um die Strömungen geschwommen ist, weiß er nicht – europäischen Sand unter seinen Füßen spürte, war das der erste, kleine und glückliche Triumph: Zum ersten Mal hatte Sepp Resnik ganz alleine und nur für sich etwas getan, was außer ihm so noch keiner versucht hatte.

Aber die Freude währte nicht lange: »Ich bin da mit komplett verquollenem Gesicht gerade aus meinem Neoprenanzug geschlüpft, als zwei Bobbies daherkamen. Weil Gibraltar ja zu Großbritannien gehört. Die kamen und sagten nur eines: ›Passport please‹.« Bis heute ist Resnik davon überzeugt, dass seine Reise hier zu Ende gewesen wäre, wenn er in diesem Moment die Wahrheit gesagt hätte. »Unser Skipper hat uns vorher gesagt: ›Versucht gar nicht, das genehmigen zu lassen – von Afrika nach Gibraltar zu schwimmen ist für die Bürokratie zu viel‹.« Und so tat Resnik, was ihm der Bootsführer geraten hatte: Er behauptete, im Auftrag eines Herstellers von Neoprenanzügen Material zu testen. Man sei eben beim Schwimmen entlang der Küste hier gelandet. Und weil im selben Augenblick auch schon die Betreuer zur Gruppe stießen, die auf dem europäischen Festland auf den Schwimmer gewartet hatten, glaubten die Schützer der britischen Krone, was ihnen da aufgetischt wurde – vermutlich klang es aber ohnehin glaubhafter, als es der Satz: »Ich bin gerade von Afrika hierher geschwommen« gewesen wäre.

Und weil die Polizei die kleine Gruppe am Strand dann doch unbehelligt ließ, konnte Sepp Resnik auch seine erste Etappenwette gewinnen: »Mein Hauptsponsor war Fiat. Lustigerweise bin ich auf dem Flug von Wien nach Spanien neben dem Hubertus von Hohenlohe (der seit Jahrzehnten für Mexiko als alpiner Skifahrer aktiv ist, daneben fotografiert und singt – und auch mit dem Agnelli-Clan verwandt ist; Anm.) gesessen. Der war zuerst ein bisserl neidig, dass seine Familie mich sponsert und seine Skiabenteuer nicht, fand meinen Plan aber total faszinierend. Er hat mich dann in Marbella seinem Vater vorgestellt. Der lebt dort.« Der Vater des Prinzen war von dem sturen steirischen Soldaten ebenso fasziniert, wie es zuvor sein Sohn gewesen war – glaubte aber nicht daran, dass Resnik auch nur die erste Etappe durchstehen könnte. Darum bot er ihm eine Wette an: Sollte Resnik es tatsächlich am ersten Tag von Afrika nach Gibraltar und dann noch auf dem Rad bis Marbella schaffen, würde er ihm für die erste Nachtruhe seine Residenz überlassen. »Und wie ich dann knapp vor Mitternacht mit dem Rad in Marbella angekommen bin, ist der Hohenlohe mitten auf der Straße gestanden. Mit den Schlüsseln für sein Haus in der Hand. Er ist mit seiner Frau ins Hotel gezogen für die eine Nacht – und rund um mich war dann alles nur noch Gold, Gold, Gold.«

Freilich, so wirklich genießen konnte Sepp Resnik den Luxus dann doch nicht: Sechs Stunden Pause standen im Tourplan – und auch das war eigentlich schon ein Bruch der Rhythmus-Regel, die sich der Sportler selbst auferlegt hatte: »Ich wollte im Rhythmus 10–2 fahren – also 10 Stunden Belastung und 2 Stunden Pause. So musste sich das bis Wien in 20 Tagen ausgehen.« Aber weil er im Meer die Pause ausgelassen hatte und dann rechtzeitig in Marbella sein wollte, hatte Resnik seinen Trip gleich einmal mit einer Ausnahme von jener Regel begonnen, die er dann – auf den übrigen 3800 Rad- und den 330 Laufkilometern – ziemlich eisern einhalten würde.

Sepp Resnik hatte eigentlich 20 Arbeitstage (und Nächte) für die Tour veranschlagt. Aber auf dem Rad flog Europa dann geradezu an ihm vorbei, erinnert er sich. Und auch wenn er nirgendwo stehen bleiben konnte, war es doch »eine wundervolle Erfahrung. Eine großartige Reise voller tiefer Erlebnisse.« Und sollte er je Zweifel daran gehabt haben, statt eines Rundkurses eine große Wegdistanz, eine echte Strecke von einem Abfahrts- zu einem Ankunftsort gewählt zu haben, dann zerstoben diese Zweifel mit jeder Kurbelumdrehung: »Ich erkannte, dass die Welt das wundervollste Stadion ist, das ein Athlet betreten kann. Dass nichts so schön ist wie der Übergang von einer Landschaft in die andere – und sich den, bei aller Mühe und aller Mühsal, selbst zu erarbeiten. Ich fuhr und wusste: Das mache ich nicht zum letzten Mal, das ist es, was ich immer tun wollte.« Und auch in sich selbst, erzählt Resnik, habe er da ein neues Sensorium entdeckt: die Gerüche. »Es waren die Gerüche, die mir die Fahrt verschönt haben. Die Düfte der Felder, der Städte und der Alleen – die haben mich weitergebracht. Die Gerüche auf der Strecke sind so ungeheuer intensiv, fast wie Farben auf einer Leinwand. Und wenn ich heute an diese Fahrt denke, sind es die Gerüche, die zuerst wiederkommen – und die mir die Bilder dieser Fahrt in den Kopf zurückholen.«

Der Rhythmus 10–2 lag Resnik. Besser, als er es sich je erhofft hatte. Und als er dann nach der ersten Woche auf seinen Tourplan schaute, erkannte er – »niemand war davon überraschter als ich selbst« –, dass er eventuell auch die zweite Wette gewinnen könnte, die ihm angeboten worden war: Hans Krankl, einer der größten Fußballer, die Österreich je hervorgebracht hat, hatte dem Triathleten nämlich etliche Wochen vor der Abreise beinahe bedauernd gesagt, dass er seine Reise eine Spur zu spät anträte: Am 15. Tag der Tour, am 19. September 1990, würden nämlich Inter Mailand und Rapid Wien im Wiener Hanappi-Stadion aufeinander treffen – und wenn Resnik just da in Wien eintreffen und im Stadion einlaufen würde, wäre das doch eine großartige Sache. Für Resnik, für das Publikum – aber natürlich auch für die Fußballer.

Das erste Mal daran geglaubt, das Unmögliche tatsächlich schaffen zu können, sagt Resnik, habe er in Salzburg, als er sich dort in der Schwarzenberg-Kaserne den Staub von 4000 Kilometern Radfahren aus den Poren zu waschen versuchte: »Zuerst habe ich gedacht, ich bin so wund, dass ich in meinem ganzen Leben keinen einzigen Laufschritt mehr hinbekommen werde. Aber dann ist es gegangen. Leichter als ich oder meine Betreuer es uns je vorgestellt hätten. Ich bin geradezu geflogen. Und getragen worden.«

Denn Resnik lief nicht nur nach Hause, er lief auch zu Hause: »Es war ein Traum. Weil die Radiosender und alle anderen Medien das so gut transportiert haben: Schon um fünf Uhr früh wusste jeder Straßenarbeiter, dass ich komme. Und alle haben sie laut geschrien: ›Resnik, hoppauf, gemma!‹ Das war super. Einfach nur super – ich hatte auf dem ganzen Weg nur positive Erlebnisse.« Und niemand bremste den Läufer: »Die Betreuer und auch die Sponsoren hatten eigentlich vorgegeben, dass ab dem Laufen alle zehn Kilometer ein ärztlicher Test stattfinden solle. Aus Sicherheitsgründen. Aber auch, weil es keine gute Presse gäbe, wenn man als Sponsor bei so einer Sache mit einem Toten in Verbindung gebracht würde. Aber die Kontrolle hat es nur ein oder zwei Mal gegeben. Weil der Arzt selbst gemeint hat, dass er mich mit ihr nur aufhält und aus dem Rhythmus bringt. Der hat gemeint: ›Du bist super beieinander, du fühlst dich gut, du hast auf der ganzen Tour sogar zwei Kilo zugenommen – es geht dir offensichtlich gut. Also renn einfach.‹ Und das habe ich dann auch gemacht.«

Das Stadion war voll. Inter Mailand (damals mit Lothar Matthäus und Jürgen Klinsmann auf dem Feld) sieht man schließlich nicht alle Tage in Wien. Aber das Spiel wurde unterbrochen, als Sepp Resnik einlief – und 22 Spieler und 15000 Zuschauer dem Europa-Durchquerer stehende Ovationen darbrachten. »Ein Wahnsinnsgefühl. Die Spieler haben mir den Ball signiert. Den habe ich heute noch. Und nachher sind der Hans (Krankl, Anm.), der Matthäus und der Klinsmann in der Kabine vor mir gestanden und die beiden Deutschen haben mich ungläubig angeschaut und gefragt: ›Wo kommst du jetzt her?‹ Ich habe ihnen die Geschichte erzählt – und die waren völlig perplex. Aber sie haben verstanden, was ich da gerade getan hatte und wie es mir ging. Weil sie, wie der Klinsmann – oder war es der Lothar Matthäus? – meinte, eine Sportart betreiben, in der man doch nur zwei Mal 45 Minuten herumläuft – und danach trotzdem völlig ausgepumpt ist.«

Ein Mal Afrika–Wien in 15 Tagen. Resnik bei seiner Ankunft beim Spiel Rapid gegen Inter Mailand, 19. September 1990.

# In 80 Tagen um die Welt

**Zum Geleit eine Gebrauchsanweisung:**
Wenn Sepp Resnik auf dem Rad sitzt, sagt er, dann hageln auf ihn Gefühle und Impressionen ein, die er teils erst Tage später auf- oder verarbeiten kann. Gerade bei der ersten seiner mittlerweile drei Weltumrundungen sei dieses Phänomen besonders intensiv gewesen – und auf dem Rad, sagt Resnik, sitzt man immer alleine. Auch Vorbereitung, Planung, Route (Wien–Istanbul–Pakistan–Neu-Delhi, dann mit dem Flugzeug nach Nordwest-Australien, wieder aufs Rad und entlang der Küste nach Sidney, von dort mit dem Flugzeug in die USA, und per Rad von Los Angeles nach Washington und dann von Lissabon nach Wien) und die Realisierung waren (ohne die Leistung seiner Betreuer und Helfer mindern zu wollen) im Grunde Alleingänge. Das ist die Leistung eines Mannes, der eine Idee in seinem Kopf ausbrütet und sie dann bis ans Ende durchzieht.

Diesem Zugang will auch dieses Kapitel Rechnung tragen: Es ist ein subjektiver und assoziativer Monolog des Athleten. Ohne Zwischenfragen, Erläuterungen, Interpretationen oder Anmerkungen von außen. Eine Reise über 25 000 Kilometer – in Sepp Resniks Kopf. 1994 hat er sie erstmals auch auf der Straße absolviert.

**Präludium**
»Was man nach so einer Sache noch machen kann? Das habe ich mich nach dem Ultimo natürlich auch selbst gefragt. Und zunächst keine Antwort gefunden. Ich hatte für mich alles erreicht, was man sportlich erreichen kann. Ich hatte den Sprung vom normal träumenden sportlichen Wettkämpfer hin zum Abenteurer geschafft: Sport mit Abenteuer und beinahe Expeditionscharakter!

Wettkampf und Startnummer waren für mich jetzt wirklich endgültig vorbei. Ich bin ja nach dem Ultimo dann noch einmal in Hawaii, in Alabama und Grenoble angetreten. Weil ich die Anstrengung spüren wollte und die Grenzen immer noch gesucht habe. Das waren alles tolle Erlebnisse. Aber der Wettkampf als solcher hat mich überhaupt nicht mehr interessiert. Schon vorher war das für mich nicht sehr wichtig gewesen – jetzt gar nicht mehr. Ich merke mir keine Daten und Jahreszahlen und Laufzeiten, weil dieses chronologische, hierarchische Denken mich überhaupt nicht interessiert. Mir ging es nur um die Erlebnisse an sich – und dass ich es geschafft hatte, mich selbst zu besiegen.« Aber die Frage, wie es nun weitergehen solle, hat er sich natürlich schon gestellt.

»Nach einem Ding wie dem Ultimo kannst du ja eigentlich nur noch in Pension gehen. Aber in dem Augenblick, in dem ich das gedacht habe, wusste ich auch schon, dass ich die andere Option wählen würde. Obwohl ich nicht wusste, wie die ausschauen sollte.

Dann sind mir wieder einmal die Augen aufgegangen: Ich wollte mehr. Noch mehr. Noch weiter. Und da ich beim Ultimo schon erkannt hatte, dass das schönste Stadion für einen Sportler die Welt ist, war der nächste Gedankengang eigentlich logisch: Ich war ja gar nicht durch die Welt gefahren, ich hatte nur Europa durchquert. Und man braucht nicht einmal einen Atlas aufzuschlagen, um zu wissen, dass das nur ein kleiner, ein sehr, sehr kleiner Teil der Welt ist. Wenn ich also dieses Stadion erleben wollte, dachte ich, müsste ich die ganze Welt bereisen.

Ich habe mich dann mit meinem alten Hauptschulatlas hingesetzt und mir die Weltkarte angeschaut: Am Äquator ist die Strecke rund um die Welt etwa 40 000 Kilometer lang. Knapp 25 000 Kilometer davon verlaufen an Land. Das sollte meine Strecke sein: 25 000 Kilometer auf dem Landweg. Und nicht einfach irgendwo Zick-Zack, sondern wirklich rund um die Welt. Ohne zeitlichen Druck. Mit der Freiheit, alles zu planen. Gelände und Witterung sind sekundär – die Welt als ganze eigentlich auch: Man hofft nur, dass sie nicht vielleicht doch eine Scheibe ist – denn dann hätten sich alle anderen geirrt: Sie sagen zwar, dass die Welt ganz sicher eine Kugel ist – aber wenn du es ausprobierst und dann doch über den Rand fällst, was dann? (Lacht.) So sicher ist man sich als Steirer da ja wirklich nicht.

Natürlich haben alle Leute sofort wieder gesagt, dass das nicht geht. Aus 1001 Gründen. Aber ich habe vom Ultimo her gewusst, dass der Rhythmus von zehn Stunden Belastung und zwei Stunden Pause mir liegt. Ich habe gewusst, dass ich das durchhalte und dass es mir dabei gut geht – ich habe beim Ultimo ja sogar Gewicht zugelegt, statt abzunehmen. Und ich habe gewusst, dass ich etwa 300 Kilometer als Tagespensum mit dem Rad gut schaffe.

Dann habe ich überlegt, wie die Strecke aussehen könnte. Wo würde ich über die Grenzen kommen? Wo war kein Krieg? Ich habe mich mit ein paar Helfern dann eine Woche lang im großen Sitzungssaal des ÖAMTC in Wien einquartiert. Die haben uns alle Karten gegeben, die es gab. Und wir haben begonnen zu planen. Das klingt fast lächerlich, professionelle Unternehmen stellen so eine Route heute in einem Tag oder einem halben Tag zusammen – aber vor uns hatte das keiner gemacht. Und wie immer, wenn man der Erste ist, nimmt man vieles zu wichtig, was dann gar nicht so wichtig ist – und vergisst, auf andere Dinge zu achten. Das Wichtigste ist ja bei so einer Reise in uns völlig fremde Kulturen, sich selbst nicht so wichtig zu nehmen, sich nicht als Maß aller Dinge zu sehen. Sobald du in den islamischen Raum kommst, ist alles, was du hier bist und was hier wichtig ist, völlig unwesentlich. Diese Menschen leben ihr eigenes Leben nach ihren eigenen Gesetzen und das Einzige, was du als Reisender tun kannst, ist, mit einer enormen Portion Demut und Respekt in diese Kultur einzusteigen. Du musst die Menschen und ihre Sitten akzeptieren. So wie sie sind. Sonst kannst du das ganze Unternehmen gleich bleiben lassen.

Man denkt zu wenig darüber nach, dass es ein anderes Leben auch gibt. Aber diesen Abstand möchte ich nicht mehr aus den Augen verlieren. Deswegen nehme ich seit damals auch immer einen sozialen Aspekt dazu. Ein Motto. Weil man wissen sollte, dass es Menschen gibt, die echte Sorgen und Probleme haben. Und dass es weit wichtigere Themen gibt als einen, der da alleine auf dem Fahrrad sitzt. Ich habe dann beschlossen, im Zeichen des Friedens zu fahren. Als Soldat des österreichischen Bundesheeres, der zeigen will, wie nah beieinander wir alle leben.

Wir haben eine Route zusammengestellt, die bis heute eigentlich als DIE gültige Strecke gilt: Diesen Winter, also 2006/2007, habe ich gehört, will einer die Strecke, die ich dann mit dem Rad gefahren bin, laufen. Der hat meinen vollen Respekt. Damals war das jedenfalls die einzige Strecke, die politisch möglich schien: Über die damalige Sowjetunion oder Afrika und den arabischen Raum wäre es wegen diverser Kriege und Konflikte einfach unmöglich gewesen. Aber über die Türkei und den Iran nach Pakistan und Indien schien möglich. Danach würde ich nach Australien fliegen, von der West- an die Ostküste fahren und dann von Los Angeles nach Washington. Und zuletzt quer durch Europa zurück nach Wien radeln. In 80 Tagen.

Gleichzeitig kam aber der vermutlich schwerste Part: Wie sollte man ein solches Unternehmen finanzieren? Ich ging da zuerst einmal zur Kronen Zeitung und habe mir einen Termin bei ihrem Chef, dem Hans Dichand, besorgt. Ich habe mich hingesetzt und gesagt: ›Herr Dichand, hätten Sie damals als kleiner Journalist in der Steiermark je gedacht, einmal das größte Zeitungshaus Österreichs zu führen?‹ Er hat mich gefragt, was ich damit meine. Und ich habe ihm gesagt, dass ich auch einen Traum hätte: Auch ich sei ein kleiner Niemand, wolle aber um die Welt radeln und bräuchte Unterstützung. Der Dichand hat mich angeschaut und gesagt: ›Ich helfe Ihnen.‹ Die Kronen Zeitung würde die finanzielle Seite abdecken – und mich auch publizistisch unterstützen. Und er, Dichand, würde vor dem Innenstadt-Lokal, das ich damals in Wien geführt habe, dem Beverly Hills, am 1. Mai 1994 um Mitternacht den Startschuss geben.

Das Gespräch hat eine Kaffeelänge gedauert und wir haben es nur mit Handschlag besiegelt. Damit war die Sache für mich fix. Meine allergrößte Sorge hatte sich einfach in Luft aufgelöst. Viel schneller, als ich es mir je erträumt hätte. Wir konnten also daran gehen, das Unternehmen in die Tat umzusetzen.«

**Die Fahrt**

»Die Leute, auch solche, die den Dichand gut kennen, haben mir am Tag des Starts noch gesagt: ›Der kommt nie, was soll ein alter Mann um Mitternacht bei so einer Sache?‹ Aber ich bin dagestanden, in meinem rotweißroten Dress und meinem rotweißrot gestrichenen Rad und habe gesagt: ›Der kommt. Er hat mir die Hand drauf gegeben.‹ Und wie die anderen eine Viertelstunde vor Mitternacht schon einen Ersatzstarter gesucht haben, bin ich immer noch ruhig geblieben – und da ist dann sein Wagen ums Eck gekommen, er steigt aus und sagt: ›Wo ist dieser Resnik? Der muss doch gleich losfahren.‹

Dass man bei so einer Reise um Mitternacht losfährt, ist ja logisch. Du willst vom Tag so viel wie möglich mitnehmen. Und da startest du dann eben um Mitternacht. Aber trotz der Startzeit waren da Hunderte Leute vor dem Beverly Hills, um mich zu verabschieden. Ein paar Dutzend sind sogar mitgefahren, bis zur Stadtgrenze die meisten, einige auch noch bis hinunter an die ungarische Grenze. Das war auch eines dieser großartigen Dinge: Du spürst, dass die Leute bei dir sind und an dich glauben. Ab der Grenze sind wir dann aber auf uns alleine gestellt gewesen: der Radfahrer, zwei Betreuer in einem Bus und einer auf dem Motorrad. Das war das gesamte Team für unterwegs. Für die nächsten 25000 Kilometer.

Die Welt, wie wir sie kennen und gewohnt sind, hört etwa 300 Kilometer nach der österreichischen Staatsgrenze auf zu existieren. Irgendwo mitten in Ungarn ist das. Jedenfalls war das damals so. Da verschwindet das Europa, das wir kennen, sukzessive aus deinem Gesichtsfeld, da ist nur noch das Asphaltband, das dich die nächsten Tage, Wochen und Monate begleiten wird. Plötzlich bist du ganz weit weg von zu Hause. Dann kommst du nach Rumänien und siehst – keine 1000 Kilometer von daheim entfernt – alte Menschen, die in Dörfern leben und wissen, dass sie die Letzten sind, die hier je leben werden. Weil alle Jüngeren und Stärkeren schon weggezogen sind. Aber aus

Liebe zu ihrer Heimat bleiben sie, wo sie sind – obwohl es nicht einmal Strom in ihren Häusern gibt und ihre Kinder auf der ganzen Welt verstreut sind. Und obwohl nur die Straße durch den Ort asphaltiert ist und es noch aussieht wie vor hundert oder zweihundert Jahren. Und dann wirst du in Häuser eingeladen, wo man dir das Letzte, was sie zu bieten haben, aufwartet – weil die Menschen froh sind, mit einem Fremden sprechen zu können. Und du sitzt da nach dem Tee auf deinem Rad und denkst dir: Das ist jetzt alles nicht wahr – das ist doch immer noch Europa.

Ich war in Rumänien in einem Haus zu Gast, an dessen Hausfassade eine Satellitenschüssel hing. Aber Fernseher gab es keinen, der sollte erst in fünf Jahren gekauft werden. Die Menschen waren trotzdem unheimlich stolz darauf, Teil der modernen, technisierten Welt zu sein. Da beginnst du dann schon nachzudenken, wie gut es uns eigentlich geht.

Das Wichtigste an so einer Fahrt ist, die richtige Sensibilität für die Menschen zu haben – und trotzdem das Ziel nicht aus den Augen zu verlieren. Es gibt Ratschläge wie ›Fahr dort nicht in der Nacht, es ist gefährlich‹, die absolut berechtigt sind – aber ich musste doch fahren, weil mir sonst die Kilometer fehlen würden. Du musst eben lernen, gute von bösen Menschen zu unterscheiden – auch wenn das sehr banal klingt. Aber du musst eben auch lernen, außerhalb von Europa damit zurechtzukommen. Es gibt Grenzübergänge, wie wir sie heute gar nicht mehr kennen: ein Nagelbrett am Boden, du fährst zickzackmäßig vorbei, weil dich einer vorbei gewunken hat. Plötzlich schießt dir ein anderer nach. Oder da stehen plötzlich Panzer auf dem Weg und die Soldaten sind vermummt – und du kriegst nie ganz raus, ob die mit dir ein Spiel spielen oder ob das echt ist.

Die Fahrt selbst ist in den ersten Tagen sehr gut gelaufen. Und am fünften oder sechsten Tag stand dann Istanbul auf dem Plan. Ich wollte, bevor wir Europa verlassen, noch einmal normal sitzend frühstücken. Da bin ich eben in der Früh, total durchgefroren und von den Knöcheln bis zum Kinn mit Dreck bespritzt, in ein Kaffeehaus gegangen und habe mein Frühstück bestellt. Hinter mir ist eine Reisegruppe aus Österreich gesessen und wie ich die gehört habe, habe ich mich umgedreht und gefragt, woher sie denn kämen. Aus Tirol, hat mir eine Frau im Dirndl gesagt. Sie wären mit dem Bus da. Wie ich denn reisen würde? Ich sagte: ›Ich bin mit dem Rad da.‹ Da hat die Frau zu ihrem Mann gesagt: ›Du, Franzi, da hinter uns sitzt ein Verrückter‹. Dabei hat sie nicht einmal gewusst, dass das der kleinste und einfachste Teil meiner Fahrt war.

Ich habe das schon beim Ultimo bemerkt, aber dann, auf der 80-Tage-Reise, waren sie das Eindruckvollste überhaupt: die Gerüche. Ich bin durch eine Welt von Gerüchen gefahren. Das Traurige an so einer Fahrt ist ja, dass du nirgendwo wirklich stehen bleiben kannst, um genauer hinzusehen. Du bist auf der Straße und spulst deine 300 Kilometer am Tag runter. Nach zehn Stunden bleibst du kurz stehen, isst, wäschst dich, Rad und Mann werden versorgt – aber dann geht es schon wieder weiter. Und da ist dieses Feuerwerk der Eindrücke, das auf dich einprasselt, aber du kannst das in Wirklichkeit alles gar nicht verarbeiten. Ich habe nach ein paar Tagen gemerkt, dass ich mental immer einen Tag hinter mir selbst nachgehinkt bin: Ich habe im Kopf immer das aufgearbeitet, was ich am Vortag gesehen habe – und dabei schon die Eindrücke des nächsten Tages sozusagen vorgezeichnet.

Die Gerüche waren dabei das, was mir das Aufarbeiten und auch das Erinnern überhaupt erst möglich gemacht hat: Sogar heute, wenn ich in Wien an den Gewürzständen des Naschmarkts vorbei gehe und die Gerüche einer Region, durch die ich damals gefahren bin, rieche, kommen die Bilder und alle Erlebnisse und Empfindungen von damals wieder in meinen Kopf, vor meine Augen und in mein Herz. Ich habe einen ganzen Film aus Gerüchen im Kopf – und das ist eine der schönsten Erinnerungen, die ich an diese Reise habe: Du vergisst zwar Ortsnamen, Kilometerangaben und an welchem Tag oder auf welchem Pass in Pakistan das genau war – aber der Geruch ist so wie ein Stichwort: Da sind dann alle Details wieder so da, als wäre ich gerade dort.

Das faszinierende an den Gerüchen ist ja, dass sie dir verraten, was sich hinter den Mauern abspielt, an denen du vorbeifährst: Da ist nichts außer Staub, Sand, Steinen und Straße – aber hinter den Mauern und Zäunen, die da von Generationen aufgebaut worden sind, liegen kleine Paradiese. Da wächst und gedeiht in manchen Teilen des Irans alles, was man sich gar nicht vorstellen kann. Manchmal konnte ich einen Blick durch Toreinfahrten erhaschen. Und manchmal sah es in den Höfen und Gärten aus, als läge da das Paradies. Faszinierend, wunderschön, verlockend und rätselhaft. Aber ich musste ja weiter fahren. Vermutlich gibt es da artesische Brunnen oder ähnliche kleine Wunder.

Manchmal wäre ich da so gerne einfach stehen geblieben und hätte angeklopft und gefragt, ob ich mir das alles genauer anschauen darf.

Du fährst. Weiter und immer weiter. Und du denkst eigentlich nicht an die Kilometermasse, die da jeden Tag noch vor dir liegt und die gerade in den ersten Tagen und Wochen dem Anschein nach kaum merklich geringer wird. Das funktioniert nicht so. Du steigst in Wien ja auch nicht ins Riesenrad und überlegst bei jedem Zwischenstopp, wie viele Gondeln da jetzt über dir sind, wie viele Stopps bis ganz nach oben, wie lange es dauern wird, bis du wieder unten bist. Du schaust hinaus – aber du denkst nicht daran, wie viele Meter jetzt noch vor dir liegen. Du denkst auch nicht daran, welche Last die 28. Speiche da im Vergleich zur 4. trägt – das ist alles völlig irrelevant: Du bist da, wo du gerade bist und fährst. Und schaust, schaust, schaust. Und das ist auf dem Rad genauso.

Das Training davor war natürlich sehr wichtig – und ich war in einem sehr, sehr guten körperlichen Zustand. Aber man muss schon auch eines betonen: Gerade bei so einer Geschichte kann trotzdem keiner sagen, ob man das überhaupt überlebt. Das ist eben Glück. Und Schicksal. Es gab immer wieder Situationen, in denen ich nachher gedacht habe, dass das jetzt mehr Glück als sonst etwas war – und dass ich zwar nicht weiß, wieso ich jetzt noch da bin, aber ich bin eben doch noch da.

Der dramatischste Vorfall, der mir da gerade in den Kopf schießt – es gab immer wieder solche Situationen –, war aber bezeichnenderweise nicht im arabischen oder asiatischen Raum, sondern in den USA. Da bin ich auf einem Highway gefahren, meine Betreuer hinter mir. Und da wird man eben ständig von diesen riesigen Trucks überholt. Bei einem dieser Sattelschlepper war die hintere Ladetür offen. Und die schlug ständig auf und zu. Der Fahrer hat das gar nicht bemerkt. Und wie er meinen Betreuerbus überholt, sehen meine Begleiter, wie die Eisentür aufschwingt, zuklappt, aufschwingt – und der Truck fährt auf mich zu. Sie haben mir nachher gesagt, dass sie vor Schreck so starr waren, dass sie nicht einmal auf die Hupe drücken konnten. Aber das wäre ohnehin sinnlos gewesen – und vielleicht war es deshalb auch besser so. Der Truck ist auf mich von hinten zugefahren, ausgewichen und hat mich überholt – die Tür klappte auf und zu, auf und zu – und genau dort, wo sie mich erwischt hätte, war sie zu. Ich habe das erst realisiert, als der Truck schon ein paar Meter weiter war, so nach dem dritten oder vierten Zuschlagen der Eisentür vor mir. Wenn mich die erwischt hätte, hätte ich es nicht einmal gespürt. Da wäre der Sepp Resnik einfach weg gewesen. Ende. Der Truckfahrer hätte es wahrscheinlich nicht einmal mitbekommen. Wenn du so etwas realisierst, ist plötzlich alles aus: Die Motorik funktioniert nicht mehr, man fängt an zu zittern. Das Einzige, was ich da noch machen konnte, war stehen bleiben, mich am Straßenrand hinsetzen und ein paar Minuten tief durchatmen: Du weißt zwar nicht wieso – und wirst es auch nie wissen – aber du hast überlebt.

Glück spielt bei so einer Fahrt also in jedem Fall eine große Rolle. Und auch etwas Menschenkenntnis. Man lernt sehr rasch, was Respekt und Demut bedeuten – und du lernst, dass deine fünf Sinne wichtiger sind als alles, was man an Reichtümern und Wissen anhäufen kann. Und du lernst jeden Tag aufs Neue, dass vor der Sprache der Blick kommt: Die Leute schauen einander einfach an. Und du lernst dann durch den Alltag, dass manche Leute zwischen Gut und Böse wirklich schon mit einem Blick unterscheiden können. Das haben wir dort gemerkt, wo es Milizen oder Konflikte gab: Da kommt man zu 15 Männern, die an einer Barrikade auf der Straße stehen. Jeder hat ein uraltes Gewehr in der Hand. Wirklich uralt, aber eben doch ein Gewehr. Und ein Gewehr ist immer ein Gewehr. Die Typen stehen da, sind voll aufmagaziniert – und alle sagen: ›Hier darf man nicht fahren.‹ Wir kamen einmal irgendwo im Grenzgebiete zwischen Türkei und Iran an so eine Barriere und ich hatte solche Angst, dass ich gemeint habe: ›Ich bleibe stehen. Das war es dann mit der Reise.‹ Aber der Erwin, der Mechaniker und Waffenmeister, der überhaupt keine Fremdsprache kann, sagt: ›Das machen wir schon‹ – und geht auf die Gruppe zu. Und die machen einen Kreis um ihn. Ich stehe da in meiner gesicherten Position und denke: Oje, jetzt ist es aus mit ihm. Aber keine fünf Minuten später schießen alle in die Luft und wir können weiterfahren. Man lernt eben, mit jedem mit Händen und Füßen zu reden. Man findet immer eine Art der Verständigung, die dem anderen zeigt: Ich bin nicht dein Feind. Ich komme in Frieden. Und bei Menschen, die nicht prinzipiell Schlechtes planen, funktioniert das. Immer. Aber wir hatten eben auch viel Glück: Es reicht, wenn man einmal an einen Verrückten kommt. Dann ist es aus.

Natürlich besteht immer die Gefahr, auf so jemanden zu treffen. Das ist eine grundsätzliche Gefahr – aber die besteht immer und überall. Ich glaube aber auch, dass mein Tempo für Banditen und Räuber nicht berechenbar war. Wenn du dir anschaust, wo und wie heute Touristen entführt werden, so sind das fast immer diejenigen, die entweder lange am selben Ort bleiben oder solche, deren Routen leicht vorhersehbar sind. Ich war mit dem Rad unterwegs. Das ist ein Tempo, das nicht dem entspricht, mit dem Banden die Wege ihrer Opfer berechnen. Außerdem war ich ein einzelner Mann auf einem Fahrrad. Mit Begleitern zwar, aber wir haben wohl nicht lohnend genug gewirkt. Auch das ist Glück.

In Pakistan zum Beispiel entspricht die Fahrbahnbreite einer Busbreite. Der Chauffeur sitzt da mit seiner Opiumflasche hinterm Steuer. Die Autos werden dort mit Motor, Lenksäule und einem Sessel ausgeliefert. Sie werden dann in der Tischlerei zu dem gemacht, was sie sein sollen. Wie ein Boot. Und diese Busse sind komplett überfüllt. Dort, wo wir waren, hat keiner ein eigenes Auto. Das Auto ist dort nur eine Lösung, um viele Menschen oder Waren zu transportieren. Und da ist dann jede Schweißnaht zehntausend Mal geflickt – aber der Wagen fährt. Und zwar durch die Wüste. Total überladen. Mit Menschen innen und außen. Die fahren mit Vollgas aufeinander zu, dann hupen sie – und du schaust aus der Entfernung, was da jetzt passiert und fragst dich jedes Mal: Fahren die ineinander rein? Aber irgendwie haben die einen Mechanismus, den wir nicht verstehen – und jeder weicht aus. Keiner geht vom Gas, aber sie kommen aneinander vorbei. Wir haben geglaubt, dass das ein Spiel ist, das die bis zur Perfektion beherrschen – bis wir eines Tages an einem Wrack vorbeigekommen sind. Da sind beide in die gleiche Richtung ausgewichen. In diesen Regionen gibt es keine medizinische Versorgung oder irgendeine Art Hilfe. Da liegen dann die Schwerverletzten nebeneinander auf der Straße. Niemand kommt. Wer auch? Wenn einer nicht von selber aufsteht, bleibt er liegen und stirbt. Das ist so. Gottes Gesetz. Ende. Und der nächste Bus nimmt die Überlebenden mit.

Auf solche Erlebnisse kann man sich nicht vorbereiten. Nie. Ich weiß heute noch, wie der Erwin im Bus gesessen ist und gesagt hat, er kann nicht mehr. Er hält das nimmer aus. Er war danach nervlich so weit, dass er, wenn er so einen Bus in der Ferne gesehen hat, rechts ranfuhr und gewartet hat, bis der Bus vorbei ist.



Ich selbst habe nie daran gedacht, aufzuhören oder abzubrechen. Das ist auf so einer Fahrt bei mir wie im Kino: Du sitzt da ja auch auf deinem Sessel und hast den Eintritt bezahlt – und wenn ich dich fragen würde, wieso du nicht vor dem Ende wieder rausgehst, wirst du mir sagen, dass du den Film ausgewählt hast und sehen willst, wie es ausgeht. Bei mir war das genauso: Ich wollte um die Welt – und mein Eintritt war, dass ich aus eigener Kraft unterwegs war.

Das Beeindruckende an so einer Reise ist auch, dass man erkennt, dass die Menschen überall auf der Welt großartig sind. Es sind die Systeme, die Religionen und die Politik, die die Probleme machen – die Menschen aber sind wundervoll und offen, wenn du ihnen auch offen entgegentrittst und nicht wertest. Wenn du sie leben lässt, lassen sie dich das auch – und verstehen deinen Traum. Das dürfte bei mir so gewesen sein, wie damals bei der Spirit of St. Louis: Da sagt einer: ›Ich fliege über den Ozean‹ – und das Faszinosum war für alle da, die ihn gesehen haben. Oder wie bei der Mondlandung – auch wenn das jetzt ein überzogener Vergleich ist, denn ich hatte ja nur ein Fahrrad. Aber den Traum kann jeder, den man unterwegs trifft, mitträumen: ein Mal rund um die Welt.

Auf der anderen Seite sind wir ja wirklich so dekadent, dass wir glauben, dass alles selbstverständlich ist. Und vergessen, wie 80 Prozent der Welt aussehen. Für diese Leute war ich nicht nur ein Träumer, sondern eine Sensation. Ein Weltwunder. In Indien etwa bleib ich stehen und gehe fünf Meter weiter, um zu pinkeln – da rufen meine Betreuer: ›Komm sofort zurück, hör auf zu pinkeln!‹ Weil da in ein paar Minuten 800 Leute aufgetaucht sind. Friedlich und freundlich, aber neugierig. Die wollten das Rad angreifen und den Fahrer. Man fühlt sich dann wie ein Außerirdischer – man hat einen Helm auf und Brillen – und diese Menschen tragen gerade ein Tuch um die Hüften.

Ich habe aber auch das Gegenteil erlebt: einen Sheriff auf dem Highway, der mich fragt, wo ich hinfahre. Ich sage, ich komme aus LA und fahre nach Washington DC.

Der hat einfach gesagt, ich sei jetzt festgenommen. Er macht schon den Kofferraum auf, damit ich das Rad reinlegen kann. Zum Glück ist mein Betreuerbus dahergekommen – ich hatte keinen Ausweis dabei. Und in unserer Welt braucht man das eben – sonst gilt man als verrückt.

Aber was ist wirklich verrückt? Du kommst etwa durch indische Millionenstädte, wo die Menschen auf der Straße leben und nicht wissen, ob und wie sie den nächsten Tag erleben. Die legen sich am Abend in den Dreck und schlafen, Fußsohle an Kopf, dort ein, wo sie sitzen. Aber einer, der beim Rad fahren keinen Ausweis dabei hat, ist verrückt. Na klar.

Ob ich es manchmal bereut habe, nicht stehen bleiben zu können? Natürlich. Ich wäre eigentlich überall gerne abgestiegen und geblieben. Wenn du mir heute sagst: ›Iran. Steig ab, hier musst du bleiben‹, dann steige ich dir mit Freuden ab. Die Kultur und die Religion sind dort tatsächlich noch Methoden und Mittel, die den Menschen durch einen sonst kaum zu bewältigenden Alltag bringen und ihm helfen, das durchzustehen. Das trägt sie durch das Leben. Und das muss man losgelöst von unserem Wertekanon sehen, das macht ihr Leben aus. Und außerdem (lacht) warten sie dir dann plötzlich Süßigkeiten und Speisen auf, die bei uns keiner kennt. Aber nur, wenn sie das Gefühl haben, dass man sie respektiert.

Natürlich waren die Strapazen enorm. Und es gab auch Tiefpunkte, an denen wir dachten, es geht gar nix mehr weiter. Aber wir hatten einen Grundsatz entwickelt beziehungsweise ein Motto, als wir da irgendwo in der Wüste standen und da nichts mehr war außer Salz links und Sand rechts – und in der Mitte der Asphalt der Seidenstraße. Da stehst du dann, bist moralisch, gesundheitlich oder konditionell am Ende und denkst dir: ›Wenn jetzt was passiert, kann uns keiner helfen.‹ In einem solchen Augenblick habe ich dann gesagt: ›Burschen, gestorben wird daheim.‹ Und das ist bis heute das Motto. An einem Tiefpunkt kommt dieses geflügelte Wort.



Aber die Frage nach dem Warum stellte sich nicht nur

in der Wüste. Eher im Gegenteil. Nämlich dann, nach Asien und Indien, in Australien: Was soll ich über die Küste in Australien erzählen? Immer nur grün, Partystrand, Highlife – jeden Tag. Von der West- bis an die Ostküste. Ein Traum. Aber ich stell grad einmal mein Rad ab, nehme das Zahnbürstel, gehe ins Meer mich waschen und fahre weiter. Asphalt, Asphalt, Asphalt. Da denkst du dir schon: Das ist jetzt aber bitte nicht wahr: Die gehen alle baden. Jeden Tag. Surfen zu Mittag – und ich fahre weiter. Ich will hier bleiben. Das ist viel härter, als in der Wüste nicht abzusteigen.

Meine Motivation war es eben, die Zeit zu halten. Die 80 Tage waren meine Motivation – rechnerisch musste es funktionieren. Aber Grenzen und Gelände waren nicht vorhersehbar. Ob ich Wüsten, wochenlanges Fahren auf Seehöhen über 2000 Meter oder Amerika – tagelang nur Highways – mental und körperlich aushalten würde, war die große Unbekannte. Das war alles offen – das konnte mir vorher auch keiner beantworten, 80 Tage waren nur der rechnerische Wert. Tagelang extreme Hitze zu ertragen ist nicht einfach. Nicht ein paar Stunden, sondern durchgehend. Denn zum Beispiel weiß kaum jemand, dass es in Indien um Mitternacht fast gleich heiß ist wie bei Tag. Ich habe es jedenfalls nicht gewusst.

Die 80 Tage habe ich eingehalten – es war wie ein Rausch. Die ganze Zeit, Ein durchgehender Rausch. Es ist ein melancholisches und gleichzeitig wundervolles Gefühl zu wissen, dass man da, wo man jetzt ist, nie wieder hinkommen wird. Und das war ja damals mein Wissensstand.«

## Epilog

»Die Rückkehr nach Österreich war dann triumphal. Es gab auch ganz nette Anekdoten auf den letzten Etappen: In Vorarlberg wollte mich eine regionale Radgruppe begleiten, bis zum Arlberg. Ich habe gesagt: ›Burschen, da fahren wird doch gleich bis Innsbruck.‹ Oder so was Ähnliches. Aber die haben gesagt, dass der Arlberg doch ein ziemlicher Brocken sei. Da habe ich erst verstanden, wie regional verhaftet die Leute sind. Für mich waren das ein paar weitere Serpentinen auf einem vergleichsweise kleinen Berg. Ein Gartenzwergberg, wenn man ihn mit den anderen vergleicht. Für die war das aber der Arlberg. Der große Arlberg. Das sind einfach ganz andere Proportionen und Dimensionen, die sich da ergeben. Das ist ganz normal.

Ich habe das Gefühl gehabt, man könnte mir die Sprache nehmen – weil das, was ich gesehen und gespürt habe, für den Rest meines Lebens reicht. Aber natürlich hat es dann nachher nie gereicht. Das ist, als würde man sagen: ›Heute ist Schluss, das will ich nie mehr erleben‹ – und trotzdem geht das Leben weiter. Und auch wenn ich als Mann keine Ahnung haben kann, wie das Gefühl wirklich ist, glaube ich, dass das Glücksgefühl mit dem Gefühl einer Mutter nach der Geburt eines Kindes vergleichbar ist: Da zählt dann nur, dass das Kind gesund ist. Und auch wenn man sich als Frau wahrscheinlich unmittelbar danach denkt, dass man sich das nie wieder antun will oder wird, bekommen viele Frauen ja doch mehr als ein Kind. Weil das Glück ein Gefühl ist, das alle Schmerzen wert ist.

Nach so einer Fahrt sitzt du dann da wie in deiner eigenen Kathedrale. Oder im Kino. Und du schaust dir an, wie die Leute reden und reagieren. Ich hatte ja 80 Tage kaum geredet. Man schaut, und die Bewegungen werden ruhig, konzentriert und effizient. Man wird ganz still und es genügen Blicke, um sich zu verständigen. Und es entsteht eine Art wortloser Zufriedenheit.

Es kamen dann immer die gleichen Fragen, vor allem: Ob ich denn wirklich alles gefahren sei. Das ist doch die blödeste Frage überhaupt. Warum fragt keiner, ob man sich freut, überlebt zu haben? Oder ob man froh ist, dass alle noch da sind? Und dann sitzt man da und schaut sich untereinander nur mehr an. Das ist das eigenartige an solchen Abenteuern: Worte werden überflüssig. Aber dann kommen all diese Experten und Insider und fragen: ›Welcher Gang, welcher Schnickschnack hier und dort?‹ – aber wenn du einmal den Khyberpass (ein 1100 Meter hoher Pass, der Afghanistan mit Pakistan verbindet, Anm.) raufgefahren bist und dort in eine Naturarena geschaut hast, in der Menschen seit Tausenden von Jahren unterwegs sind, wo Generationen von Arbeitern wie vor Hunderten Jahren dasitzen und Steine klopfen, um die Straße zu bauen, dann denkst du dir schon: Wie deppert muss einer sein, den nur interessiert, mit welchem Kranzel, also mit welcher Übersetzung, man da gefahren ist. Wovon reden diese Leute überhaupt? Ich nehme den Gang, den ich brauche, und fahre über einen der berühmtesten Pässe nach Pakistan. Wochenlang auf 2000 Metern Seehöhe – und dann geht es innerhalb von 70 Kilometern hinunter fast auf Meeresniveau: Da geht dir die Pumpe so, dass du glaubst, deine Hand wiegt plötzlich eine Tonne. Da kannst du dich nur hinsetzen und warten – aber das Kranzel ist es, was die Leute spannend finden.

Ich habe dann getan, was ich immer tue: Ich lasse meinen Körper heilen und gesunden. Denn für mich ist jede Anstrengung ein tolles Gemälde. Am Schluss, nach der Regeneration und der inneren Aufarbeitung, steht es im Raum, mitten in mir drin. Und erst dann bin ich bereit für eine neue Leinwand. Und die ist dann, wenn es soweit ist, wie der Blitz da.«

# In 66 Tagen um die Welt

**Die Herausforderung**

Eigentlich hatte er vorgehabt, es nicht mehr zu tun. Aber er ist ein klassischer Rückfalltäter. Am Freitag den 21. Juni 1996 war es eben doch so weit: Sepp Resnik brach auf, um einen anderen Sportler zu besiegen, ihn in die Schranken zu weisen. In Wiener Neustadt, einer etwa 40 Kilometer südlich von Wien gelegenen Stadt, gab der dortige Bürgermeister den Startschuss – und ein rotweißrot gewandeter Offizier des österreichischen Bundesheeres trat in die Kurbelgarnitur eines brandneuen, verstärkten Rennrades, um noch einmal um die Welt zu fahren. Wieder als Botschafter des Friedens. Diesmal aber auch, um aller Welt zu verkünden, dass seine Heimat in diesem Jahr ihren 1000. Geburtstag feierte: 996 nach Christus war »Ostarrichi« erstmals in einer Urkunde erwähnt worden. Außerdem – und vor allem – wollte Sepp Resnik schneller sein. Statt wie zwei Jahre zuvor die Welt in 80 Tagen zu umradeln, wollte er die Runde diesmal schneller schaffen, nämlich in 66 Tagen, um einen anderen Extremsportler zu besiegen. Und das, obwohl Resnik doch eigentlich schon längst dem Wettkampfgedanken abgeschworen hatte. »Das zweite Mal«, gibt Resnik zu, »hatte rein sportliche Gründe. Ich wollte es nicht auf mir sitzen lassen, dass ein Deutscher den Rekord mit mir teilen wollte.« Der Kontrahent hatte nämlich ebenfalls vor, die Welt zu umradeln. So wie Resnik hatte er sich für eine Route über die Türkei und den Iran bis nach Indien entschieden und wollte dann noch Australien, die USA und Europa absolvieren. Und so wie Resnik 1994, hatte er sich ausgerechnet, dass dieses Unternehmen in 80 Tagen zu bewältigen sein müsste.

Was den Österreicher daran ärgerte? »Der Deutsche konnte für sich auch die Mühsal des Ersten beanspruchen: Er hat sich nicht mit mir in Verbindung gesetzt oder um Rat gefragt. Wenn er das getan hätte, hätte ich ihm vermutlich geholfen, ihm Tipps und Details verraten und ihm dann alles nur erdenklich Gute für die Fahrt gewünscht. Das hätte mir nichts ausgemacht.« Weil der Kollege aber ganz autonom seine Route geplant hatte, fürchtete Resnik dann doch ein wenig um »seine« Erstbefahrungslorbeeren – und fühlte sich herausgefordert: »Ja, das ist ein Widerspruch zu dem, was ich mir eigentlich schon vor dem Ultimo geschworen hatte. Ganz klar. Man macht eben Fehler. Ich kann auch nicht ankündigen: ›Ich habe nie wieder eine Verletzung‹ oder ›Ich werde nicht krank.‹ Das ist mir einfach passiert – ich schäme mich nicht dafür, ich hatte es eigentlich nicht vorgehabt, aber so war das nun eben einmal. Plötzlich war der Ehrgeiz wieder da. Das hat mich zuerst gestört. Ich wollte doch keine Wettkämpfe mehr machen, keine Nummer mehr tragen. Mit niemandem außer mir selbst in Konkurrenz treten. Aber dann hat mich das eben so gezwickt, dass ich mich in den Zweikampf begeben, mir einfach gesagt habe: Scheiß drauf, ich fahre jetzt schneller als er.«

Die Frage nach dem Warum, bedauert der Sportler, könne er aber leider wirklich nicht beantworten: »Das ist so, wie wenn ich sage, ab heute stelle ich das Essen ein. Irgendwann kommt der Hunger doch wieder – und man isst. Man würde es noch lang aushalten, aber da taucht dann die Frage auf: Warum sollte ich? Vor allem, wenn ganz nahe Supermärkte, Imbissbuden und Restaurants locken. Du gehst eben doch rein und isst.«

Im konkreten Fall waren die Supermärkte, Imbissbuden und Restaurants das »felsenfeste Wissen, das schneller zu schaffen«, die Bereitschaft der Sponsoren, Resnik noch einmal auf die Reise zu schicken und die Betreuer von 1994: »Keiner hat länger als einen Tag gebraucht, um zu sagen: Ja, ich bin wieder dabei.«

Sein größter Vorteil, erklärt Resnik, sei schließlich gewesen, »eine Runde Vorsprung« auf den Rivalen zu haben: Resnik wusste, wo er – verteilt über die ganze Welt, einige Tage »liegen ließ«. Nachdem er seine Fahrtenbücher von 1994 minutiös durchgegangen war, kam er auf die Zahl 66: Mit der gleichen Kraftanstrengung wie zwei Jahre zuvor, war er überzeugt, müsste es möglich sein: »Ich habe gewusst, wie lang die Bergstraßen sind. Ich wusste, wo es schlechte Straßen gibt, wie die Sonne wann wo hinstrahlt oder wie am Khyber-Pass das Bergauf- und Bergab-Einbahnsystem nach Tagen und Tageszeiten geregelt ist: Da fährt an einem halben Tag die eine Seite rauf und die andere muss warten.« In Summe, rechnete sich Resnik aus, sollte es möglich sein, durch derlei Kleinigkeiten ganze zwei Wochen einsparen zu können: »Ich konnte mich an Passagen erinnern, in denen man in islamischen Staaten an eine Grenze oder einen Schalter gekommen ist und der Grenzer oder der Beamte hat gnadenlos gesagt: ›Es ist Freitag. Das ist unser heiligster Tag. Da geht jetzt gar nix.‹ Da ist einfach nichts zu machen. Die fanden es zwar schön, dass da einer um die Welt fahren wollte, aber Allah ist einfach wichtiger als der Herr Resnik: ›Nehmen Sie Platz und warten Sie. Bis wir wieder Dienst haben.‹ Das ist einfach so – und wenn man das weiß und richtig plant, ist da viel zu holen.«

## Zeit ist relativ

Die Strecke, hatten Resnik und seine Freunde beschlossen, sollte aber nicht nur deshalb weitestgehend unverändert bleiben: Lediglich in Europa plante Resnik einen anderen »Heimweg« als beim ersten Mal. Diesmal würde er in London wieder europäischen Boden betreten, dann in Großbritannien zwei größere Etappen (London – Birmingham – Oxford – London) fahren und dann – via Amsterdam, Köln, Straßburg und Basel – wieder in Feldkirch nach Österreich kommen. Die Gesamtkilometeranzahl würde sich dadurch leicht verändern: Am Papier standen vor dem Start rund 21 000 Kilometer. Aber auch bei der ersten »Rundreise« hatten sich die einzelnen Teiletappen vor Ort manchmal deutlich in die Länge gezogen.

War bei der ersten Runde das Gefühl der Einmaligkeit Teil der Motivation gewesen, war es nun die Freude darauf, all das doch noch einmal sehen zu können. »Das war ein affengeiles Gefühl, sowohl die Vorfreude als auch die Wiedersehensfreude.« So ähnlich stelle er sich, meint Resnik, das Gefühl der Reinkarnation vor: »Du weißt, dass du die Unabdingbarkeit des Einmal-und-nie-wieder durchbrochen hast, du kannst versuchen, es noch einmal, und zwar besser, zu machen.« Und dann war da eben die Freude, Städte wie das iranische Bam (das mittlerweile von einem Erdbeben vollständig vernichtet wurde, Anm.) noch einmal erleben zu können: »Das Staunen war beim zweiten Mal das Gleiche. Vielleicht sogar noch größer, weil ich wusste, wo ich genauer hinschauen musste.«

Und dann gab es da auch wieder eine Lektion in Sachen Demut und Respekt – und die Relativität von Zeit: Während sich der Extremsportler aus Österreich da ein striktes Mindestkorsett von 17 Stunden Fahrt pro Tag auferlegt hatte, um ein paar Tage einzusparen, hier ein paar Stunden und dort einen halben Tag wettzumachen, war der Begriff »Zeit« rings um ihn völlig anders besetzt. In den ärmlichen ländlichen Regionen, erzählt Resnik, hatte sich in den vergangenen beiden Jahren nicht das Geringste verändert. Das Leben ging dort seinen von Jahreszeiten, Sonnenstand und Wetter bestimmten Lauf wie seit Jahrhunderten. Dass da einer auf einem Hightech-Fahrrad ein zweites Mal durchfuhr, um schneller wieder an dem Ort zu sein, von dem er losgefahren war, habe da fast schon nach Ironie ausgesehen.

Allerdings, so Resnik, habe er auch das genaue Gegenteil gesehen und erlebt: »Die Türkei, also der hintere, asiatische Teil hatte sich in der Zeit zwischen der ersten und der zweiten Fahrt komplett verändert. Da ist das Land von einer dürren, kargen Landschaft in manchen Regionen zu einer Kornkammer geworden. Das war tausend Jahre unverändert – und plötzlich gab es so etwas wie eine verordnete Agrarrevolution. Alle haben plötzlich massiv und hervorragend organisiert angebaut, soweit das Auge reichte. Da wurde mir bewusst, was für einen Technologie- und Know-how-Schub die gemacht hatte – und was in anderen Ländern irgendwann wohl auch passieren würde.«

Aber auch rund um Resnik hatte sich einiges verändert: Das Material von 1994 hatte ausgedient. »Das war wie Tag und Nacht: Beim ersten Mal fuhr ich mit einem umgebauten Mountainbike. Und das hatte ich rotweißrot lackiert. Ich wusste damals auch nicht, welche Reifen ich nehmen sollte. Also habe ich breite Mountainbikereifen genommen, aber profillose Slicks aufgezogen. Das war super und hat großartig funktioniert. Nur habe ich mir dann gedacht, dass doch schon dreißig Jahre zuvor die Radquerfeldeinweltmeisterschaften mit verstärkten Rennrädern gefahren wurden. Dann müsste ich das doch auch tun können. Weil so ein Rad ja viel leichter ist. Ich habe auch gewusst, dass bis auf geringe Streckenanteile überall Asphalt ist – also warum sollte ich etwas anderes als ein Rennrad nehmen?«

**Aus dem Logbuch**

Und dann ging es los. »Es war wie beim ersten Mal – nur intensiver«, schildert Resnik. Ungarn war der Auftakt – bis Budapest (372 Kilometer) war sozusagen Westen, danach »begannen die Farben des Wohlstandes zu verblassen, alles wurde ärmlicher.« Es ging weiter über Rumänien: »Ich hatte immer noch den Eindruck, dass es dort so aussieht, wie bei uns zwischen Erstem und Zweitem Weltkrieg.« In Bulgarien verlor man wertvolle Zeit auf der Suche nach einer Ersatzwindschutzscheibe für den Begleitbus – und am sechsten Tag der Reise fragte sich Resnik zum ersten Mal, ob die Wahl des Rades nicht vielleicht doch ein Fehler gewesen war: In der Türkei verwandelte sich die Asphaltroute für einige hundert Kilometer in eine Schotterpiste. Istanbul, die »hinteren« Regionen der Türkei – und dann wieder das Grenzgebiet zum Iran: Wie üblich war der Bus vorausgefahren, Resnik und sein Betreuer auf dem Motorrad folgten. An vorher vereinbarten Stellen sollte man sich treffen – doch diesmal stand der Bus eindeutig »falsch«. Und wieso lehnte Resniks Crew mit weit ausgebreiteten Armen und mit dem Gesicht zum Fahrzeug gegen den Bus? Die Expedition war von einer türkischen Sondereinheit, die Jagd auf kurdische Freischärler machte, »gestellt« worden. Und dass da irgendwo aus dem Hinterland ein Radfahrer kommen würde, hatte eindeutig verdächtig geklungen: Nur ein Verrückter ... und so weiter. Als sich der »Verrückte« dann aber als Berufssoldat entpuppte, »mussten wir mit ins Offizierscasino: Wir bekamen Tee und Kekse vorgesetzt und wurden als Gäste gefeiert. Davon, dass sie meine Leute stundenlang festgehalten und bedroht hatten, war keine Rede mehr – so schnell kann eine Situation kippen.«

Am elften Tag erreichte die Expedition die iranische Grenze und hier half Resniks Überzeugungskraft, die Einreiseprozeduren, die mitunter Tage lang dauern können, auf wenige Stunden zu reduzieren. Tage später, im Iran, protokollierte Resnik dann »erste mentale und körperliche Verschleißerscheinungen« bei seinen Begleitern: kleinere und größere Motivationseinbrüche, Heimweh und Navigationsfehler (Bus, Fahrrad und Motorrad verloren einander immer wieder aus den Augen) führten zu Spannungen. Auch bei Resnik selbst ließ die Konzentration nach. An der Grenze zu Pakistan, noch nicht einmal auf halber Reisestrecke, radelte er an zwei Soldaten vorbei und hielt ihre »Halt«-Signale für freundliches Zuwinken: Ob die beiden Schüsse, die er dann hörte, wirklich nur in die Luft abgegeben worden waren, ließ sich nie restlos klären – aber auch hier folgte dem ungläubigen Staunen der Grenzer nach längeren Erklärungen und Kontrollen freundschaftlich-aufmunterndes Schulterklopfen.

Bei Temperaturen von über 50 Grad Celsius spulte Resnik sein Pensum herunter: Mehr als 400 Kilometer an einem Tag – und aufgrund der verlorenen Zeit praktisch ohne Pause. »Mir wurde immer wieder schwarz vor Augen, aber ich fuhr weiter. Hatte ich mir zu viel zugemutet?« schrieb er später, nachdem ihn sein Team mit zitternden Muskeln und halb besinnungslos von der Straße aufgelesen und im Bus versorgt hatte, in sein Logbuch – und zog eine Lehre aus der Überforderung: »Wer ein einziges Mal im Leben die Grenze zwischen Wahnsinn und Wahrheit erreicht, ist vor tatsächlicher und schwerwiegender Selbstbeschädigung sicher.«

Doch auch wenn Resnik und das Team mittlerweile vorsichtiger mit ihren Ressourcen umgingen, traf sie wenige Tage später der nächste Schlag: Der Begleitbus brannte aus ungeklärten Gründen aus. Geld, Pässe und Teile des Materials konnten gerettet werden, aber das rasch angemietete Taxi war doch kein vollwertiger Ersatz. Darüber hinaus schwächten durch eine Infektion oder schmutziges Wasser verursachter Durchfall und Übelkeit sowohl Resnik als auch seine Begleiter – aber man lag immer noch im Plan.

Die österreichischen Botschaften in Islamabad und Neu-Delhi halfen: Zwei der vier Begleiter wurden – schwer krank – nach Hause geflogen, Resnik und seine verbliebenen beiden Helfer möglichst schnell über die Grenze nach Indien gelotst und in der Botschaft in Neu-Delhi halbwegs aufgepäppelt. Dann folgte eine Pause. Der Flug nach Australien dauerte 22 Stunden – Erholung pur, gefolgt von einem, wie Resnik sagt, »positiven Kulturschock, wir kamen vom Mittelalter zurück ins 20. Jahrhundert.«

Aus lauter Freude darüber vergaß Resnik auf der ersten Etappe, dass in Australien Linksverkehr herrscht – und verpasste einen LKW nur um Haaresbreite. Aber plötzlich schien alles um 70 Prozent leichter und einfacher zu gehen. Und das, obwohl Resnik sich bei einem der heimgeschickten Begleiter angesteckt hatte und von Durchfall und Magenproblemen gequält auf dem Rad saß. »Ich erbrach ständig und magerte ab.« Resnik war frustriert, dachte aber nicht ans Aufgeben. Man schrieb den 33. Tag der Reise – Halbzeit.

Am 36. Tag – immer noch im Plan – stieg Resnik in den Flieger von Sydney nach Los Angeles. In den USA begann wieder ein endloses Highway-Fahren. Gute Straßen, aber eintönig. »Zu Beginn war mein körperlicher Zustand immer noch katastrophal. Ich stecke mir sogar eine Rolle Klopapier auf den Lenker, denn ich wusste nie genau, ob ich sie nicht vielleicht plötzlich dringend benötigen würde.«

San Diego, Houston – und dann weiter nach Washington DC. Resnik war wieder gesund. »In den USA bekam ich plötzlich all die Motivation von außen, die ich zuvor überhaupt nicht gekriegt hatte«, schreibt Resnik in seinem Protokoll dieser Reise. »Jeder Trucker winkte mir zu. In den USA erkennen die deine Leistung an – sie honorieren einfach die Tatsache, dass du in den endlosen Weiten herumfährst. Sie spüren, dass du etwas Außerordentliches leistest und sind begeistert.« Und weil sich herumsprach, was der seltsame Kauz auf seinem Rad da trieb, fuhr Resnik auch immer öfter nicht alleine: Ganze Radlergruppen schlossen sich ihm für einen Teil der Strecke an, manchmal sogar über halbe Tagesetappen.

Von Washington ging es – wieder eine angenehme Erholungspause – per Flugzeug nach London. Zwei Etappen durch England, dann mit dem Flieger nach Amsterdam – und dann, ab dem 59. Tag, ging es bereits Richtung Heimat: Köln, Metz, Straßburg. Dann Basel, Zürich und – endlich – wieder Österreich.

## Heimspiel

»Am 21. August, genau zwei Monate nach meinem Start, überquerte ich um 9 Uhr früh die Grenze nach Österreich. Es war ein unbeschreibliches Gefühl«, schreibt Resnik in seinem Reisebericht – und tankt aus dem Bewusstsein, daheim zu sein, neue Energie: Statt (mit Sondererlaubnis) durch den Arlbergtunnel zu fahren, überquert er den Arlberg und hat sogar noch Zeit, in Tirol seinen wenige Tage zuvor schwer verunglückten Freund, die Motocrosslegende Heinz Kinigadner, zu besuchen.

Salzburg. Linz. Ein Abstecher in den Geburtsort Feldbach, dann weiter nach Niederösterreich – die letzte Etappe sollte von Krems an der Donau nach Wiener Neustadt führen. 150 Kilometer – ein Klacks: »Ich fuhr in einem, man könnte fast sagen ›rauschähnlichen‹ Zustand der Stadt Wiener Neustadt, dem Ziel, entgegen. Diese Kilometer spürt man nicht mehr.« Es wurde ein Triumphzug – und am Ende »auf die Minute pünktlich« radelte Sepp Resnik ins Zentrum der Stadt. »Auf dem Hauptplatz«, protokollierte der Rad fahrende Offizier, »gab ich dann dem Bürgermeister, Peter Wittmann, die Hand und sagte: ›Gemäß deinem Auftrag bin ich um die Welt gefahren und jeden hat es gefreut, wenn ich gesagt habe: Grüß' euch, ich bin der Sepp Resnik, ich komme aus Wiener Neustadt und Österreich ist 1000 Jahre alt.‹«

## In 65 Tagen um die Welt und ein Besuch beim Papst

### Die Dritte Runde / Vom Ruhestand

Das war es dann. Wieder einmal. Jedenfalls dachte Sepp Resnik, dass es das nun gewesen wäre – in sportlicher Hinsicht: »Ich war ruhig, vollkommen ruhig und in mir«, erzählt der Mann, der bis dahin nur unter Aufbietung aller Kräfte länger als fünf Minuten still sitzen konnte. Aber nachdem er nun seinen zweiten Weltrekord im Um-die-Welt-Radeln nicht nur verteidigt, sondern auch noch verbessert hatte, hatte sogar Sepp Resnik jenes Gefühl, das andere schon nach der Bewältigung weit kleinerer Aufgaben – Gartenarbeit etwa – beschleicht: Sich einfach hinzusetzen, sich über das Geschaffene (oder Geschaffte) freuen – und sich darauf verlassen, dass der liebe Gott oder sonst wer die Welt schon am Laufen halten würde.

»Das Nichtstun war überraschenderweise gar nicht schwer, denn ich stand etwa zwei Zentimeter vor dem Burnout. Das war knapp. Wie nach der Matura, wenn du am Tag danach hörst: ›Mach in dem Tempo weiter und du hast in der Mindestzeit zwei Studien fertig‹, weißt du auch: Klar, das geht – aber du willst nicht mehr. Es ist aus. Man will sich entspannen, sich einmal auch Ansaufen und Spaß haben dürfen – man hat eh genug gehackelt. Ich habe alles reduziert. Ich hatte den totalen inneren Frieden gefunden.«

Nicht einmal Sport, sagt, Resnik habe ihn mehr gereizt. Oder gelockt.

Wobei das so natürlich nicht stimmt, Resnik bleibt schließlich auch in einer Ruhephase immer Resnik: »Kein Sport« hat in der Lesart des Vielfach-Triathleten nichts mit dem Churchill'schen Motto »No sports« zu tun, sondern klingt eher nach dem intensiven Trainingsprogramm eines fitnessverliebten Normalverbrauchers: »Vielleicht ein oder zwei Stunden Schwimmen oder zwei Stunden Laufen pro Tag, also nix«, präzisiert Resnik. Aber angesichts des

Bewegungsdranges, der den Mann von Kindheitstagen an im wahrsten Sinne des Wortes auf Trab gehalten hatte, ist das wirklich »nix«.

Resniks Leben wurde also nahezu »normal«: Tagsüber arbeitete er im Amt für Wehrtechnik in Wien, in den Büros und Labors der Textil-Analyse-Abteilung zur Abwehr chemischer und biologischer Gefahren. Dann ging er nach Hause. Widmete sich – bis er seine Frau Manuela kennen lernte und sich »weil ich das dann alles nimmer gebraucht habe« umgehend aus dem Nachtbusiness ausklinkte (siehe auch das Interview mit Manuela Resnik auf Seite 149) – diesem, schon vor der ersten Welttour eröffneten, »Nebenjob«, ging aus oder hielt vor Managern Vorträge über Motivation, Logistik, Organisation und Selbstüberwindung: »Langsam haben sie in Österreich erkannt, dass das, was ich bisher gemacht habe, doch nicht auf der Nudelsuppe daher geschwommen kommt. Man kann eben nicht ins Reisebüro gehen und sagen: ›Bitte ein Mal alleine um die Welt, ein Fahrrad hätte ich schon.‹ Mittlerweile hatte sich herumgesprochen, dass da schon mehr dahinter steckt, als nur Nicht-Umfallen, wenn man auf einem Rad sitzt.« Insgesamt, lächelt Resnik, hatte er beinahe den Punkt erreicht, an dem man von »Sesshaftwerdung« sprechen konnte: »Ich hatte genug erlebt. Die Welt oft genug gesehen. Ich verbannte Sportschuhe und Trainingsanzüge aus meinem Leben und meiner Wohnung, las viel und malte wieder – und war auch bereit für eine Familie.« Im Jahr 2000 heiratete er Manuela und »das Leben war einfach nur mehr schön.«

Aber Resnik war damals nicht mehr ganz jung: Als er 1996 das zweite Mal die Welt umrundete, war er schon 43 Jahre alt. Und natürlich interessierte er sich dafür, was aus jener Saat geworden war, die er nach Österreich »eingeschleppt« hatte: »Ich war regelmäßig bei den Triathlons, die es mittlerweile auch in Österreich gab. Aber nur als Zuschauer. Ich war auf dem Laufenden, was die anderen Extremsportler meiner Generation taten. Das waren ja immer mehr Freunde als Rivalen gewesen – und immer

Das Logbuch. Mit 50 wollte es Resnik dann noch ein Mal wissen…

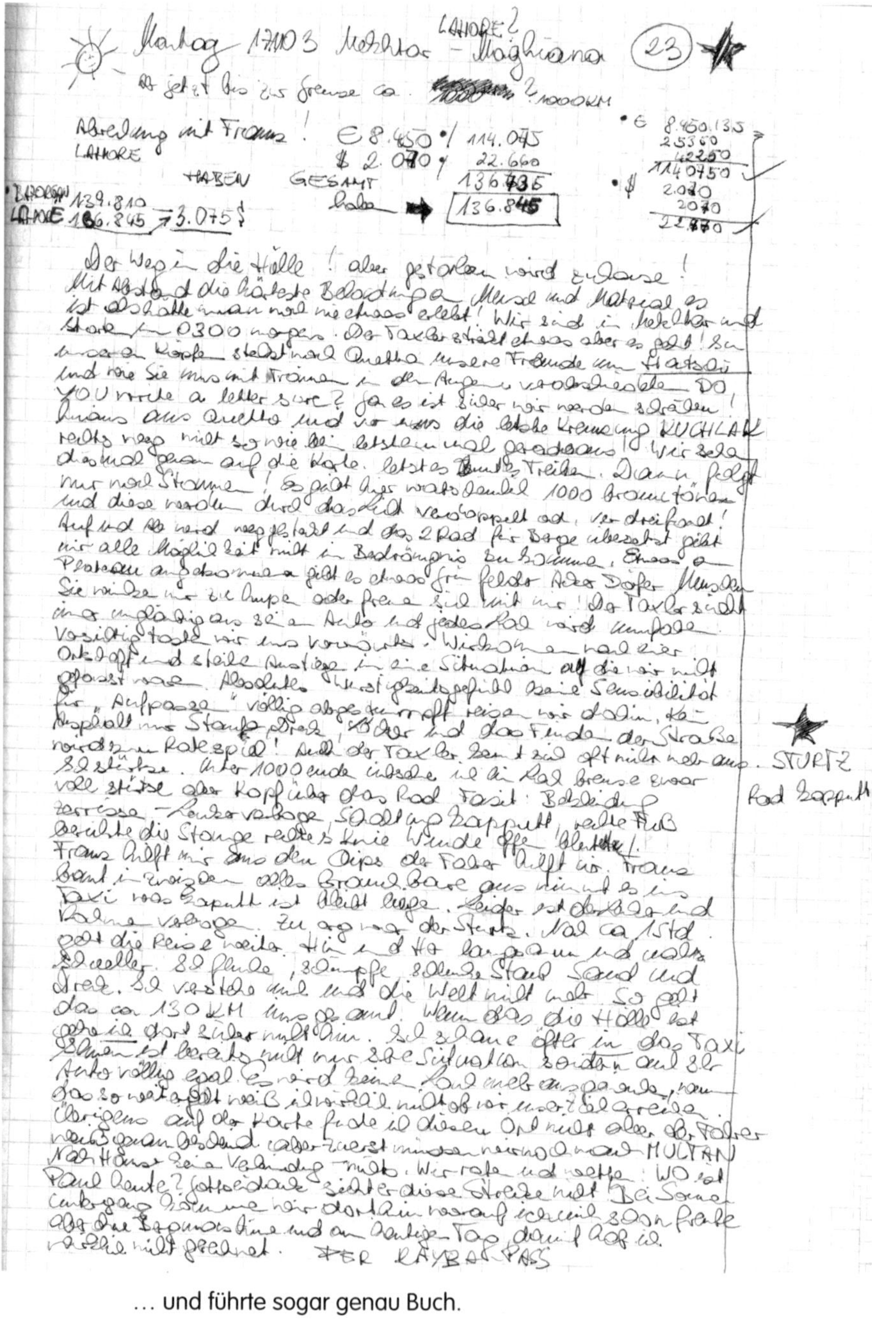

Montag 17.10.3 Multan – Maghiana LAHORE? (23)

... jetzt bis zur Grenze ca. [illegible] ? 1000 KM

Abrechnung mit Franz! LAHORE € 8.450 / 114.075 · $ 2.070 / 22.660 · 136.735

HABEN GESAMT habe → 136.845

LAHORE 139.810 · 136.845 → 3.075 $

€ 8.450.135 · 25350 · 42250 · 114.0750 · $ 2.070 · 2070 · 22.770

Der Weg in die Hölle! aber gestorben wird zuhause! Mit Abstand die härteste Belastung an Mensch und Material es ist die Hölle man hat nie etwas erlebt! Wir sind in Multan und starten um 0300 morgens. Der Taxler streikt etwas aber es geht! In unseren Köpfen steckt noch Quetta unsere Freunde um [illegible] und wie sie uns mit Tränen in den Augen verabschiedeten. DO YOU [illegible]? Ja es ist sicher wir werden schaffen! [illegible] KUCHLAK [illegible] Dann folgt nur noch Staunen! [illegible] 1000 [illegible] [illegible] STURTZ Rad kaputt [illegible] MULTAN [illegible] PER RAYBAN PASS

… und führte sogar genau Buch.

wenn ich einen von ihnen traf, waren das unheimlich schöne Erlebnisse und Erinnerungen. Die meisten von damals sind ja noch aktiv. Laufen 10- oder 20-fach-Triathlons. Aber für mich war das Thema abgeschlossen, ich freute mich einfach über die Erfolge und die Anerkennung, die solche Veranstaltungen mittlerweile genossen.«

Aber weil sein Name doch noch einige Zugkraft bei Sponsoren und in den Medien hatte, beschloss Resnik, auch ein wenig aktive »Entwicklungshilfe« zu betreiben: Er gründete 2002 das »Resnik X-treme Team«: »Das ist einfach eine Gruppe von Leuten, in denen dasselbe Feuer brennt wie in mir. Und weil es für Einzelne immer noch schwer ist, so etwas auf die Beine zu stellen, helfe ich ihnen logistisch und lobbyingmäßig dabei, ihre Träume zu leben.«

Trotzdem: Ganz aufgehört selbst zu träumen hatte Resnik noch nicht. Und als sein 50. Geburtstag immer näher rückte und alle Freunde und Alterskollegen in seinem Umfeld daran gingen, sich zum 50er irgendwelche großen Wünsche oder Träume zu erfüllen, kam auch der »Extremsportler in Ruhestellung« ins Nachdenken: Was gäbe es, was er immer schon gerne gemacht hätte? »Na ja, da hatte ich mir die Latte wirklich hoch gelegt: Ich hatte doch immer schon getan, was ich mir in den Kopf gesetzt hatte.« Also stellte er sich die Frage anders: »Was war das Schönste, was ich je erlebt hatte? Was würde ich gerne noch einmal machen oder sehen?« Lange, sagt Resnik, habe er da nicht nachdenken müssen: »Ich wollte noch einmal um die Welt fahren. Und alles noch einmal sehen.« Aber weil das für einen Resnik zu wenig Herausforderung war, musste da noch eine Aufgabe dazu kommen: »Ich wollte nicht nur für eine Idee fahren, sondern tatsächlich etwas bewirken. Und ich wollte mich selbst noch einmal schlagen.«

Punkt zwei war einfach: Resnik wollte einen Tag schneller sein als zuletzt. »Das musste gehen. Wenn ich statt 300 Kilometern pro Tag auch nur 320 führe, musste es sich ausgehen.« Aber er beschloss, es sich auch etwas schwerer zu machen – und im Winter zu fahren: Start der Reise sollte am 26. Oktober, dem österreichischen Nationalfeiertag, sein – das Ziel (Wien) wollte Resnik zu Silvester erreichen. Eine schöne, patriotische Klammer also. Blieb nur die Frage nach der guten Sache.

»Ich bin dann einmal mit einem Freund im Café Landtmann (ein legendäres Wiener Innenstadtkaffeehaus, Anm.) gesessen und habe ihm die Geschichte erzählt. Und wie wir da so sitzen, dreht sich der Mann am Nebentisch um und sagt; ›Entschuldigung, aber ich habe da die ganze Zeit mitgehört – ich finde diesen Traum super. Kann ich Ihnen helfen?‹

Es war wieder einmal einer dieser Zufälle, von denen Resnik sagt, dass sie mindestens 50 Prozent Anteil am Gelingen jedes Unternehmens haben: Der zufällige Ohrenzeuge war ein Unternehmer, der mit der Technologie für präzise und punktgenaue Satellitenaufnahmen ein Vermögen gemacht hatte. »Ein echter Österreicher: Als kleines Würstel mit einem Traum und dem Unglauben seiner Landsleute war er weggegangen – und dann, nachdem er im Ausland Erfolg gehabt hatte, waren alle seine Freunde.«

Der Mann, erzählt Resnik, saß im wissenschaftlichen Beirat des Verteidigungsministeriums und – in dem Fall weit wichtiger – war ein hohes Tier bei den Rotariern. Und die hatten damals gerade eine weltweite Kampagne laufen, um Geld für die Bekämpfung von Polio, der Kinderlähmung, aufzutreiben. Ob Resnik denn für dieses Ziel fahren würde? Sozusagen als sichtbarer, reisender Schlusspunkt der rotarischen Polio-Initiative? »Ich weiß noch, dass es ein Freitag war – weil ich nach dem Gespräch heimgegangen bin und nicht wirklich geglaubt habe, dass da auch nur ein kleiner Teil von dem passieren würde, was wir alles beplaudert hatten. Aber es hatte super geklungen. Am Montag komme ich ins Büro – und das Erste, was ich sehe, ist ein Fax: Die Sache sei geregelt – ich sollte schon mal mit den Vorbereitungen anfangen. Und mich demnächst auf den Weg in den Vatikan machen.«

**Der Papst**

Der Rotarier hatte einen, wie sich später herausstellen sollte, genialen Einfall gehabt: Als »Sesam öffne dich« sollte der Radfahrer nicht nur als Botschafter der Rotarier unterwegs sein, sondern auch ein Begleitschreiben mit sich führen. Ausgestellt vom Papst persönlich. »Ich hatte damals keine Ahnung, wie weit verbreitet die Rotarier sind – in jedem Nest auf der ganzen Welt gab es plötzlich Menschen, die mir helfen würden. Und ich wusste auch nicht, dass die Rotarier beste Verbindungen zum Vatikan hatten.« Sein Empfehlungsschreiben würde der Soldat und Radfahrer aber selbst abholen müssen, hieß es, der Heilige Vater – damals noch Johannes Paul II – würde ihm den Brief im Rahmen einer Privataudienz überreichen.

Davon, dass Resnik doch eigentlich den sportlichen Ruhestand angetreten hatte, konnte nun keine Rede mehr sein: Den Weg nach Rom trat er auf dem Rad an: »Die Manuela und ein Freund sind mit unserem alten VW-Bus runtergefahren, ich bin am Rad hin. Das sind ja nur 1000 Kilometer, also eine gute Gelegenheit, das Material zu testen.« Denn so ganz, gibt Resnik zu, konnte er auch damals noch nicht daran glauben, dass der Papst ausgerechnet ihn, der im Herzen immer noch der kleine Bub aus der Steiermark war, auf die Reise schicken würde. »Wir sind in Rom am Stadtrand stehen geblieben und ich habe gesagt: Ich glaube es erst, wenn ich vor ihm stehe.«

Resnik war damals nicht der einzige Pilger in Rom: 2003 hatte Karol Wojtyla Staatschefs aus der ganzen Welt zu Besuch. »Den Ami und den Putin habe ich mir angeschaut, dann ist mir der Trubel zu groß geworden. Wir haben die Stadt besichtigt.« Und weil bei so einem Gipfeltreffen mit 23 oder noch mehr Staatschefs doch einiges an Sicherheitsaufwand betrieben wird, wimmelte es in der heiligen Stadt von Polizisten. »Einer hat uns beim Einparken nahe der Engelsburg in die Parklücke eingewiesen, dann sind wir essen gegangen.« Doch als die Resniks (»nur in Sandalen, zerrissenen Jeans und T-Shirt«) zurückkamen, war der Bus weg. »Mit allem: Meiner Galauniform, dem Equipment und dem ganzen Zeug – zum Glück hatte die Manu das Geld in einer Tasche um den Hals hängen.« Der Bus, ein abgetakelter, ausgemusterter Heeres-VW-Bus, war gestohlen worden. Der Carabiniere zuckte mit den Schultern – aber am nächsten Tag sollte Resnik zum Papst. In Sandalen und T-Shirt?

Zum ersten Mal erlebte der Radbotschafter, was die Rotarier können: »Ein Carabiniere auf der Wache hat erkannt, dass das wohl wichtig ist. Er hat angefangen zu telefonieren. 20 Minuten später hatten wir den Rotarier-Chef aus Salzburg am Telefon: Wir sollten ruhig ins Hotel gehen, um alles andere würde man sich kümmern.« Mitten in der Nacht stand dann plötzlich ein Mann mit einem neuen Anzug von daheim vor der Hotelzimmertür – er war von Salzburg nach Rom geschickt worden. Nur, um den Anzug abzuliefern. »Ich war baff.«

Im ersten Morgengrauen stand dann eine schwarze Limousine vor dem Hotel. »Ein Geistlicher hat mich abgeholt. Ich bin dann in einem Raum mit ein paar Bischöfen und Erzbischöfen aus der ganzen Welt gesessen, die alle auch zur Audienz sollten. Die haben Statuen zum Weihen mitgehabt, ich hatte 20 Soldatenbibeln.« Dann wurden die Gäste in den Raum gebeten, in dem Johannes Paul II schon auf sie wartete.

»Da liegt in einem Respektabstand ein goldener Polster auf dem Boden. Auf den kniet man sich hin. Aber irgendwie habe ich das nicht mitbekommen, wie die uns das gesagt haben.« Und weil Resnik eben immer das tut, was naheliegend und eigentlich logisch ist, marschierte der vierschrötige Mann schnurstracks auf den gebrechlichen Greis in seinem Sessel zu. »Ich bin über den Polster gestiegen, bin zu ihm hin und habe seine Hand genommen. ›Grüß Gott, ich bin der Sepp Resnik und ich bringe Ihnen Grüße aus Österreich‹, habe ich ihm gesagt – aber da haben mich die Securities schon gepackt.«

Johannes Paul II aber war amüsiert. Und beutetet seinen Sicherheitsleuten, Resnik loszulassen. »Dann hat er mit mir geplaudert. Der Mann war eine Hülle, eine absolut gebrechliche Hülle – aber drinnen, in ihm, war alles lebendig und alert und voll da. Das hat man in seinen Augen gesehen, die waren das genaue Gegenteil von dem, was sein Körper dargestellt hat. Er hat sich für alles interessiert und hat auch über alles Bescheid gewusst: Was ich tun wollte, wo ich herkäme, was ich bisher getan hatte – er hat sogar von dem gestohlenen Bus gewusst und gesagt, dass ihm das Leid täte.« Zum Abschluss, erzählt Resnik, habe Karol Wojtyla dann die Soldatenbibeln gesegnet und den Boten gefragt, was er sich wünsche. »Ich habe gesagt, dass ein Foto super wäre, aber dass man mir beim Eingang alles abgenommen habe. Darauf hat der Papst gesagt, dass man ein Foto machen solle. Auf Deutsch. Und weil er es lustig gefunden habe, wie ich da über den Polster gestiegen sei und ihm die Hand gegeben hätte, solle ich das für das Bild noch einmal so machen. Das Foto hat dann ein Kardinal gemacht, der als Einziger außer mir im Raum Deutsch verstanden hat. Das wird wohl der Ratzinger (heute Papst Benedikt XVI.; Anm.) gewesen sein.«

**Die Reise**

Das Foto öffnete Resnik in Österreich die großen Reportageseiten aller Printmedien (und in Folge die Sponsorenbörsen der größten Unternehmen). Der Papst von hinten, der Sportler von vorne und dazu noch beim Shakehands: Das hatte man nicht alle Tage. Eigentlich ja nie.

Aber das, sagt Resnik, sei bloß ein Vorgeschmack auf das gewesen, was der Begleitbrief des Vatikans dann auf der ganzen Welt bewirkt habe. Auf der ganzen Welt? »Ja. Überall – und ganz besonders in den islamischen Staaten. Alle Türen gehen auf. Eigenartigerweise ist der Islam da ganz offen: Sie wollen von dir, von dem westlichen Menschen, wissen, ob du an einen Gott glaubst. Und wenn du sagst, ›ja‹, dann ist das für sie o.k. Sie wollen deine Disziplin und deine Courage testen. Du bist willkommen, weil und wenn du an etwas glaubst. Viele Westler glauben, dass es nur den radikalen Islam gibt. Aber das ist überhaupt nicht so: Wenn ein Muslim sieht, dass du ein ehrlicher Mann bist, der sein Leben lebt und seine Familie liebt, dann bist du in Ordnung und ein gleichwertiger Partner. Das wissen ja so viele Leute im Westen immer noch nicht. Wir glauben immer: ›Die Arschlöcher glauben an ihren Allah und wollen alle anderen umbringen‹. Das ist ein totaler Blödsinn.«

Wie schon erwähnt, startete Resnik seine Tour diesmal im Winter. »Ab Istanbul fährt man in gebirgigen Regionen. Und alle, die die Gegend kennen, haben gesagt, dass ich im Schnee ersticken würde. Aber vermutlich hat das Lachen des Papstes bei meiner Begrüßung auch den lieben Gott amüsiert. Jedenfalls hatte ich mit dem Wetter mehr Glück, als ich es mir je erträumt hätte.«

Aber auch auf Erden half der kirchliche Segen: Wo man sah, dass Resnik quasi vom Papst geschickt wurde, gingen Türen, Tore und Grenzbalken im Nu auf, wurden Barrikaden und bürokratische Hürden aus dem Weg geräumt und noch in der kleinsten Gemeinde das große Galagedeck hervorgeholt: »Das war der beste VIP-Pass, den ich je bekommen habe.« Und dann waren da noch die Rotarier und ihre Polio-Kampagne: Man half. Entweder wegen des Papstes. Oder wegen der Rotarier – oder aber, weil auch der schlichteste Soldat, Polizist, Grenzer oder Beamte seine Kinder liebt: »Das Schönste an der Fahrt war, im Sport und durch den Sport zu erkennen, dass Sport nicht das Wichtigste auf der Welt ist. Weil andere Dinge mehr zählen. Du kannst Rad fahren, soviel du willst und wo du willst – aber es gibt Wichtigeres: die Menschen. Kinder. Und wenn die Leute, mit denen du zusammentriffst, sehen, dass du für den Kampf gegen die Kinderlähmung unterwegs bist, geht alles noch besser. Wer ist denn von all diesen Seuchen und Krankheiten am meisten betroffen? Eben die Dritte Welt. Menschen in Ländern wie Indien oder Pakistan. Na, was glaubst du, wie die da reagieren? ›Der will uns helfen – und wir sollen ihn nicht durchlassen? Nein: Fahr – und zwar so schnell wie möglich.‹«

Resnik flog dahin. Zumindest schien es ihm so. Auch wenn es unterwegs die üblichen Probleme gab: Kolbenreiber beim Begleit-LKW und fehlende Ersatzteile im Iran etwa (Resnik fuhr eben ein paar Tage nur vom Motorrad begleitet weiter). Sein Tages-Energieumsatz, errechnete Manuela in ihrem von Wien aus geführten Online-Tagebuch, lag nach drei Wochen weit über 15000 Kalorien – und trotzdem (und dank einer Spezialnahrung) verlor Resnik kaum Gewicht, einzig sein Hinterteil war nach den ersten 5000 Kilometern so wund gescheuert, dass seine Frau sich ernsthaft Sorgen machte. Für Resnik war das aber alles »ganz normal.«

Nicht ganz normal ist für den Radfahrer aber etwas anderes: Dank großer Sponsoren aus der Telekom-Industrie kann Manuela Resnik (die wegen einer Knieoperation in Wien bleiben musste) Sepps Logbuch in Echtzeit ins Netz stellen – und der Fahrer jubelt, dass er erstmals auf der ganzen Welt das Gefühl habe, nicht weit von zu Hause zu sein. Fotos von und Interviews mit Resnik sind in Österreich fast jeden Tag in den Medien zu finden.

Iran, Pakistan, Indien, »wunderschön und alles noch eindrucksvoller als beim ersten und zweiten Mal«, schildert Resnik – allerdings erst jetzt, Jahre später. Denn seine Frau protokolliert: »Tag 24. Über 500 Kilometer radelte heute wieder Sepp bei Temperaturen um die 30 Grad Celsius herunter.« Nach einem Sturz, bei dem ein paar Tage zuvor das Rad nach fast 8000 Kilometern völlig zerstört wurde, kämpft Resnik mit Knieproblemen. Dass es ihn bei einer rasanten Abfahrt mit etwa 70 km/h (»da war plötzlich die Asphaltstraße hinter einer Kurve zu Ende und es gab nur noch Sand oder Schotter. Das Vorderrad ist einfach drin verschwunden – und ich habe abgehoben«) in die Landschaft schleuderte, ist »keiner Rede wert – das hätte ganz anders enden können.«

In Neu-Delhi gibt es in der Botschaft einen »großen Bahnhof« für den Radfahrer. Der Flug nach Australien ist – wie jedes Mal – die erste große Erholung und in Australien geht dann auch alles nach Plan. Am 35. Tag fliegt

Resnik nach L.A. und trifft kurz mit Arnold Schwarzenegger zusammen – ein steirisches Extremisten-Gipfeltreffen. Schwarzenegger kam mit einem gelben »Hummer H2« – und Resnik dürfte einer der ersten Österreicher gewesen sein, die dieses Kult-Fahrzeug live sahen. Er fuhr trotzdem auf dem KTM-Rad weiter.

In der österreichischen Botschaft in Washington gibt es einen großen Empfang, dann geht es weiter nach New York: Das Jahr dauert noch 10 Tage, Resnik liegt gut in der Zeit. Und fliegt nach Europa. Diesmal nach Lissabon.

Lissabon, Sevilla, Barcelona, dann nach Arles und von dort nach San Remo: Die 23000 Kilometer-Marke fällt am 25.12.2003 – und dann führt die Route in die Schweiz. Fast hat er schon wieder Österreich erreicht.

Als Resnik am 27.12. um 22.30 Uhr in Feldkirch österreichischen Boden betritt, können dann aber erstmals weder Rotarier noch Papst weiterhelfen: Die österreichische Bürokratie kennt kein Erbarmen. Einem überkorrekten Zöllner fällt auf, was die ganze Welt übersehen hat: Der Radfahrer dürfe nur dann in Österreich fahren, wenn er auf sein Rennrad die vorgeschriebenen Lichter montiert. Willkommen daheim!

Der Rest der Fahrt gerät zum Triumphzug: Salzburg, Oberösterreich, Niederösterreich, am 31.12.2003 kommt Resnik nach exakt 24343 Kilometern zwei Stunden vor Mitternacht mitten in der Wiener Innenstadt an. Es ist Silvester – fast eine Million Menschen drängeln durch die City. Resnik ist der glücklichste Mensch der Welt – und will trotzdem vor allem eines: Schlaf nachholen. Aber zuerst wird gefeiert. Wenn auch nicht all zu lange: »Wir waren um 3 Uhr 40 alle hundemüde und wollten nur eines«, schreibt Manuela Resnik, »ins Bett.«

### Und das Geld?

Erst Wochen später erfährt Resnik, wie viel Geld seine Tour eingefahren hat: »Ich habe mich immer bei den Rotariern gemeldet, wenn ich durch einen Ort durch war – und dann haben die ihre Leute kontaktiert und zum Spenden aufgefordert. Insgesamt sollen fast 22 Millionen Dollar zusammengekommen sein. Ob mir bei dieser Summe anders wird? Nein – das sind Zahlen, damit kann ich wenig anfangen: Ich wollte helfen – und das habe ich getan, so gut es ging. Darum ging es. Und wichtig ist für mich nicht die Zahl, sondern Erlebnisse, wie ich sie seither immer wieder habe: Erst letzte Woche kam einer auf der Straße zu mir und sagt: ›Sie sind der, wegen dem ich damals gespendet habe.‹ Das ist dann die Bestätigung. Das zählt.«

## Ein Rekord im Dauerskifahren

**Bretter, die die Welt bedeuten**

Nach 2003 hat Sepp Resnik dann wirklich Ruhe gegeben. Und weil er ja am Neujahrstag des Jahres 2004 den Dress des Extremsportlers mit den Schlägen der Pummerin – der großen Glocke im Wiener Stephansdom, die immer das Neue Jahr einläutet – an den Nagel gehängt hat, könnte er auf die Stunde genau sagen, wie lange er nun wirklich Sportpensionist ist. Wenn er nicht noch einmal rückfällig geworden wäre. Aber immerhin hat er es diesmal geschafft, die Disziplin zu wechseln: Statt auf einem Fahrrad zu sitzen, stand Resnik diesmal auf Skiern – und nicht 80, 66 oder 65 Tage lang – sondern »nur« zehn Tage. Aber das dafür nonstop.

»Das mit dem Skiweltrekord ist mir passiert«, lacht Resnik, »der hat sich reingeschummelt. Das war so ähnlich wie mit der zweiten Weltumradelung: Es hat mich einfach erwischt, plötzlich war der Ehrgeiz wieder da.« Aber im Gegensatz zur zweiten Radtour um den Globus sah der glühende Patriot diesmal nicht nur seine Leistung, sondern die alpine Ehre Österreichs bedroht.

Die Bedrohung hat einen Namen: Christian Führ. Der war zu Weihnachten 2005 gerade einmal 32 Jahre alt und hatte sich gerade ins Guinness-Buch der Rekorde eingetragen. Er hatte in Oberaudorf, in Oberbayern, genau 222 Stunden und 22 Minuten auf Skiern gestanden. Und in irgendeinem Internetforum oder Interview hatte Resnik gelesen, dass der Weltrekordhalter sich über die alpine Weltmacht Österreich lustig gemacht habe: Die Österreicher, so soll Führ sinngemäß gemeint haben, wären ja nur gut, wenn es darum ginge, mit Skiern rasch einen Berghang hinunter zu fahren. Aber wenn es um Nachhaltigkeit, Ausdauer und Beständigkeit gehe, dann ... und so weiter. Das hätten sie, die »Ösis«, eben einfach nicht drauf.

Resnik kochte: »Das Schlimmste, was mir wer sagen kann, ist ja ›das geht nicht‹ oder ›das kannst du nicht‹ – und der junge Mann hat das genau in einem Segment gemacht, wo ich weiß, dass ich es kann. Wo ich weiß, dass ich es mit links kann.« Denn zum einen verfügt Resnik über eine klassische Ski- und Alpinausbildung: »Ich bin Hochalpinist und im Ministerium für die Alpinausbildung von Soldaten und Offizieren mit zuständig.« Außerdem: Zehn Tage ohne Pause etwas zu tun, was ihm lag? Noch dazu zur Ehrenrettung Österreichs? »Es hat Klack gemacht – ich war wieder voll da. Wenn ich 65 Tage auf dem Rad sitzen kann, schaffe ich 222 Stunden locker – also habe ich gesagt: ›Ich fahre zehn Tage.‹«

Die Sache hatte aber – wie immer – einen Haken: Obwohl sich Skistars aus Resniks Spitzensportepoche für das Unternehmen stark machten, war auf die Schnelle kein Skiort zu finden, in dem man bereit gewesen wäre, einen Lift Tag und Nacht laufen zu lassen. Resnik war schon recht verzweifelt. Denn in der Zwischenzeit hatte er auch mit dem jungen Konkurrenten Kontakt gehabt: »Der hat gemeint, ich sei ein alter Mann und solle lieber Kekserln backen, als mich mit ihm anzulegen«, schäumt Resnik noch heute, »aber mit dieser Großkotzigkeit – ich verwende dieses Wort nur sehr selten, aber dann sehr bewusst – hat er mich erst recht in Rage gebracht.« Bloß: Wo sollte der 52-Jährige fahren?

Schließlich stand eines Tages Leopold Buchberger vor dem Ironman und stellte sich als Bürgermeister von Sankt Georgen im Walde vor. Resnik hatte noch nie von dem Ort gehört, geschweige denn wusste er, dass man dort auch Skifahren kann. Aber »dieser unheimlich nette Mann im selbstgestrickten Pullover hat mir erzählt, dass Sankt Georgen zwar nur auf 800 Metern Seehöhe liegt, aber sehr wohl ein Skiort sei.« Die kleine Gemeinde im Mühlviertel (eine nicht unbedingt hochalpine Region in Oberösterreich, Anm.) verfügt über exakt einen Lift. Mit Piste. Lift und Piste würden, so der Bürgermeister, vom »Schorschi«-Verein (umgangssprachlich österreichisch für Georg; Anm.) liebevoll gepflegt und betreut. Insgesamt verfüge das Skigebiet der Alm-Gemeinde St. Georgen am Walde über einen Skilift, das

Ski-Buffet »Hexenhütte«, eine Langlaufloipe, einen Kinderlift, zwei Schneekanonen, einen Eisklettertum und eine Flutlichtanlage: Es sei also eigentlich alles da, was Resnik brauche. Resnik war hoch erfreut.

Aber, setzte Bürgermeister Buchberger nach, da sei noch eine Kleinigkeit. Ein Detail: Der Schorschi-Lift sei kein Sessellift, sondern ein Schlepplift. 300 Meter lang. Und das sei dann doch ein echter Wettbewerbsnachteil. Resnik überlegt keine zehn Minuten – und sagte zu. »Ich war im Nachhinein dann sogar froh darüber, dass das dort genau so war, wie es war: Der Deutsche ist auf einem ewiglangen Dreiersessellift gefahren. Der ist pro Tag also 15 Stunden am Lift gesessen und konnte sich ausrasten. Bei mir war das ganz anders: Ein Schlepplift, der nur 300 Meter lang ist, heißt, dass mir keiner sagen kann, man habe auch nur eine Minute nicht gewusst, wo ich bin und was ich tue – jeder konnte mich immer und überall sehen: Alle, die immer lästern und sagen, ›Man weiß ja nicht, was der Resnik wirklich macht‹, hätten hier zuschauen und kontrollieren können, dass ich das, was ich sage, auch wirklich tue – aber natürlich ist keiner gekommen.«

(Nebenbei: Nach den bei allen derartigen Weltrekordversuchen gültigen Regeln dürfen Weltrekordaspiranten im Dauer-irgendwas-Tun alle sechs Stunden eine Pause von einer halben Stunde einlegen. Um auf die Toilette zu gehen, zu essen und zu trinken, die Kleidung zu wechseln oder sich ärztlich untersuchen zu lassen. Das galt in St. Georgen am Walde ebenso wie in Oberaudorf.)

Dafür kamen andere Menschen. Zu Hunderten und Tausenden: »Ich bin so gut wie nie alleine gefahren. Die haben sogar die Schulstunden in der Gegend so verschoben, dass die Kinder in der Früh ein bisserl mit mir fahren konnten. Da waren so viele Menschen, dass die Wirte in Sankt Georgen an die Grenzen ihrer Kapazität gestoßen sind.« Und Resnik fuhr. Rauf, runter, rauf, runter. »Mein alter Freund, der Ski-Olympionike David Zwilling, hat den Rennleiter gemacht. Und die oberösterreichischen Medien haben fast täglich berichtet – das wurde zu einem richtigen Ländermatch Österreich gegen Deutschland hochgespielt.« Doch nicht nur Resnik selbst war im Dauereinsatz: Bernhard Führs kecke kolportierte Ansage, der alte Mann solle doch lieber Weihnachtskekse backen, als sich mit ihm anzulegen, wurde von ein paar oberösterreichischen Frauen aufgeschnappt, »und die haben dann angefangen zu backen. Das hat sich richtig verselbständigt. Wie ich dann fertig war, gab es Berge von Keksen. Fein eingepackt – die hat man dann angeblich alle dem Deutschen geschickt. Ich weiß aber nicht, ob er sich dafür je bedankt hat.«

Resnik selbst bedankte sich dafür immer wieder: »Die Leute kamen, um bei mir zu sein. Die haben mich richtig auf Händen getragen. Nicht nur die Sankt Georgener: Einmal steht da um drei Uhr früh einer neben mir am Lift und erzählt mir, dass er zwei Stunden mit dem Auto hergefahren ist, nachdem er im Radio gehört hat, dass ich fahre. Seine Frau hat ihm gesagt, er könne die nächsten Wochen im Wohnzimmer auf dem Sofa schlafen, wenn er mitten in der Nacht losfahren würde – aber er hat es trotzdem gemacht. Er ist mit mir zwei Stunden Ski gelaufen und dann wieder nach Hause gefahren. Ich hoffe, seine Frau hat ihm vergeben.«

Von seinem Konkurrenten hat Resnik nach den zehn Tagen auf Skiern nie wieder gehört: »Man hat mir aber gesagt, dass er angeblich überlegt, es noch einmal zu versuchen. Soll er. Ich bin bereit: Der alte Mann wird exakt einen Tag länger fahren als er. Ich freu mich schon drauf.«

## Ein Gespräch mit Paul Haber

**»Das kann man nicht trainieren«: Der Sportmediziner und Internist Paul Haber im Interview über das Mögliche und Unmögliche von Leistungen à la Sepp Resnik**

Professor Paul Haber ist einer der rennomiertesten Sportmediziner und Leistungsdiagnostiker in Österreich. Der Internist ist heute stellvertretender Leiter der klinischen Abteilung für Pulmologie an der Universitätsklinik für Innere Medizin in Wien. Außerdem leitet er das Wiener »Zentrum für medizinische Trainingstherapie und Trainingsberatung« (www.trainingstherapie.at).

Sepp Resnik, erzählt Haber, lernte er schon in den 1980er-Jahren kennen, nach Resniks erster Teilnahme an einem Doppeltriathlon in Huntsville/Alabama. Dort, erklärt Resnik heute auch selbst, »habe ich alles falsch gemacht, was man falsch machen kann – und während des Bewerbes 16 Kilo verloren«

Dass derlei und andere für Normalverbraucher unglaubwürdig bis grotesk klingende Erzählungen alles andere als Fabel-Geschichten sind, weiß Haber aber auch aus seiner Arbeit mit andere Extrem- und Spitzensportlern.

Woher kennen Sie Sepp Resnik?

**Haber:** Sepp Resnik ist Mitte der 80er Jahre das erste Mal zu mir gekommen, 1986, nachdem er das erste Mal in Alabama an den Start gegangen war. Damals kannte hier noch niemand Triathlon oder Doppel- und andere Mehrfachveranstaltungen dieser Art. Resnik hat sich an mich gewandt, weil er Wochen nach dem Alabama-Triathlon immer noch Koordinationsstörungen hatte: Wenn er einen Gehsteig betreten wollte, ist er gestolpert – weil er den Fuß nicht hoch genug heben konnte. Ich habe ihn untersucht und festgestellt, dass rein internistisch, also mit den Organen, alles völlig o.k. war. Der Kreislauf war auch trainiert und ausgeruht: Aus internistischer Sicht war sein Problem eigentlich nicht erklärlich.

Ich habe dann nachgelesen und dazugelernt. Und auch meine Erfahrung zeigt, dass Muskulatur und Kreislauf unterschiedliche Erholungsgeschwindigkeiten haben. Resnik hat ja auch erzählt, dass bei der Siegerehrung in Huntsville einer vor einer Stufe einfach hingefallen ist. Weil auch der es nicht geschafft hat, den Fuß zu heben. Der Kopf gab zwar den Befehl: »Fuß, hebe dich« – aber der Fuß tat es einfach nicht. Das Signal kam an, aber der Muskel war nicht im Stande, es umzusetzen. Statt 20 Zentimeter hebt sich der Fuß eben nur zehn Zentimeter.

Wieso?
**Haber:** Weil die Erholung der Muskulatur eben erheblich länger braucht als die des Kreislaufs. Und Koordination besteht aus zwei Komponenten: Das eine sind die Signale vom Gehirn, das zweite ist die Muskulatur, die das alles auch umsetzen muss. Das betrifft genauso Menschen, die so lange krank sind, dass sie keine Muskeln mehr haben. Die haben ja auch nicht vergessen, wie man geht. Aber wenn man da einen Fuß hebt, kippt der andere weg. Weil die Muskeln zu schwach sind. Das ist nach solchen Bewerben durchaus ähnlich. Also war Resniks Zustand nach dem Ende des Triathlons mit dem Zustand eines Patienten unmittelbar nach einer schweren Muskelkrankheit vergleichbar.

Aber gerade Extremsport betreibende Menschen halten sich doch für alles andere als schwach und krank. War das ein Einzelfall?
**Haber:** Nein, das ist regelmäßig so. Heute weiß man das. Und es gibt Untersuchungen über Bewerbe, wo die Leute 5000 Kilometer und mehr laufen. Die Bewerbe entziehen sich aber weitestgehend der Öffentlichkeit. Da laufen Leute wochenlang etliche Stunden täglich. Der bekannteste Bewerb führt quer durch die Sahara.
Ich kennen Fotos von dem Oberschenkeln solcher Sportler: Vorher und Nachher sieht aus, als wären das die Beine von zwei verschiedenen Menschen. Vorher ist das

Bein muskulös und kräftig – danach so dünn, dass das Knie hervorspringt. Da wird während des Bewerbes einfach Material abgebaut.
An der Bewegung insgesamt – also auch beim Training – ist ja nicht die Belastung das Gesunde, also das, was fördert. Belastung bezeichnet man medizinisch als »katabol«. Das bedeutet »abbauend«. Belastung baut ab – und endet eine Belastung nicht, so ist das tödlich. Das Positive an einer Belastung oder am Training tritt danach ein. Die Regeneration ist »anabol«, aufbauend, wachstumsfördernd. Da werden die Strukturen wieder hergestellt. Und wenn es ein wirksamer Trainingsreiz war, wird mehr aufgebaut als vorher da war. Darin besteht dann der Trainingseffekt.

Das klingt, als würde jeder, der an so einer Veranstaltung teilnimmt, seinen Körper bewusst schädigen.
**Haber:** Das trifft in meinen Augen schon für den simplen Marathon zu. Drei Stunden und mehr zu laufen ist nicht gesund, keine Frage. Nicht, dass man davon krank werden muss – die meisten werden es nicht – aber gesundheitsfördernd ist ein Marathon mit Sicherheit nicht. Was gesund ist, ist das Training für den Marathon: Jede Woche drei, vier, fünf Stunden zu laufen und das aufgeteilt auf vier oder fünf Tage ist uneingeschränkt gesund. Aber eine Extrembelastung per se ist es nicht. Auch wenn sie nicht unbedingt gefährlich ist oder krank macht. Wenn man gesund ist! Empfehlen würde ich als Sportarzt niemandem die Teilnahme an einem Marathon – ich empfehle aber dringend, so zu trainieren, als wolle man daran teilnehmen.

Wie betreut man dann Menschen, die dennoch einen Triathlon absolvieren wollen?
**Haber:** Noch einmal: Es ist nicht gesundheitsfördernd – aber es macht nicht zwingend krank. Das ist bei den meisten Tätigkeiten so. Auch bei einem Dreifachtriathlon. Wenn sich ein Gesunder dieses Ziel setzt, werde ich nicht

sagen »Tu das nicht«. Bei vernünftiger Vorbereitung und Betreuung ist das machbar – aber man muss wissen, worauf man sich einlässt.

Sepp Resniks Erlebnisse, aber auch seine Leistungen, klingen für viele Menschen dennoch unglaubwürdig: Er hat seinen zweiten Dreifachtriathlon wenige Wochen nach einer Blinddarmoperation absolviert. Geht das überhaupt?

**Haber:** Ja. Denn zwischen dem, was bei Normalpersonen üblich ist und dem, was im Prinzip möglich ist, liegen solche Welten wie zwischen zweimal wöchentlich joggen und einem Dreifachtriathlon. Und es gab auch schon olympische Schwimmer, die unmittelbar nach ähnlichen Operationen Weltrekorde geschwommen sind – auf den Startsprung mussten sie eben verzichten.
Das Problem eines Dreifachtriathlons ist ja auch weniger ein Körperliches: Da ist man etwa 40 oder 50 Stunden unterwegs. Mit ganz wenig Schlaf. Das Problem ist da vor allem ein psychisches: Das Durchhalten genauso wie das Sich-darauf-Einstellen. Die Physis, der Körper macht da bei gewissen Mindestvoraussetzungen mit. Der Körper ist halt nachher am Boden zerstört, aber das geht. Wenn man den Bewerb durchsteht, übersteht man ihn – nach einer angemessenen Regenerationszeit – unbeschadet. So wie eine Lungenentzündung auch: Wenn die überstanden und ausgeheilt ist, bleibt kein Schaden zurück.
Die Basis für solche Leistungen liegt aber eben nicht in der Physis. Diese Menschen sind psychisch nicht im Normalstrom. Das heißt nicht, dass sie abnorm im Sinne von »krankhaft« sind – sie sind aber in einer bestimmten Beziehung am Rande des Normalen. Und das befähigt sie zu einer bestimmten Sache. Immer schon: Es ist nicht jedermanns Sache, so wie Columbus ins Nichts zu segeln und nicht zu wissen, ob man nicht am Rand der Welt dann doch herunterfällt.
Solche Menschen wurden seit jeher als das »Salz der Erde« bezeichnet – und solche Leute haben die Menschheit weiter gebracht. Magellan und Columbus genauso

wie Michelangelo oder Einstein mit seiner Formel $E=mc^2$. Das waren alles keine normalen Menschen – und Resnik ist auf diesem, seinem Gebiet extrem.

Resniks Weltumradelungen liefen im Rhythmus »10 Stunden Belastung – 2 Stunden Pause« ab. Da sage ich trotzdem: Nach drei Tagen ist das vorbei, da fällt man doch einfach um.

**Haber:** Das heißt also 4 Stunden Ruhe in 24 Stunden. Beim »Race across America« schläft man im Schnitt 2 Stunden pro 24 Stunden. Das geht über 10 Tage, wobei die Radfahrer da die ersten 50 Stunden meistens durchradeln. Gewinnen tut da nicht nur der, der am schnellsten Rad fährt, sondern der, der dabei am wenigsten Schlaf braucht. Der letzte Österreicher, der das gewonnen hat, war in der Lage, eine halbe Stunde weniger pro Tag zu schlafen als seine Mitbewerber.
Schlafentzug ist aber natürlich ein Problem: Wenn man Menschen konsequent lediglich am Träumen hindert, halten sie das vier bis sechs Wochen aus – dann entgleisen sie geistig. Und wenn man sie dann auch noch am Schlafen hindert, ist das auf Dauer eventuell sogar tödlich. Beim ersten »Race across America« hat man beobachtet, wie der Führende nach ein paar Tagen anfing, im Kreis zu fahren. Der war kaum dazu zu bewegen, wieder geradeaus zu fahren. Das war der Schlafentzug.
Wenn Sepp Resnik nicht 10, sondern 60 oder 80 Tage in diesem Rhythmus fährt, würde ich als Arzt natürlich sofort den Zeigefinger erheben und sagen, was alles passieren kann. Nur: Jemand wie Resnik schlägt so etwas natürlich in den Wind. Und tut es trotzdem – und zeigt, es geht.

Hat dann der Arzt geirrt oder ist der Patient irre?

**Haber:** Beide haben Recht. Ich habe mich an die medizinischen Haupterfahrungen gehalten. Wenn Sie oder ich das tun, sind wir nach ein paar Tagen auf der Intensivstation. Das, was ein Resnik kann und leistet, ist für einen Normalverbraucher eben unmöglich. Nicht einmal vorstellbar. Genauso wie es für Sie oder mich unvorstellbar ist, einen Marathon in zwei Stunden und fünf Minuten zu laufen. Aber wenn einer der Favoriten zehn statt fünf Minuten läuft, sagen die Sportreporter, dass der Läufer »schwach« ist: Die haben keine Ahnung. Auch in andern Sportarten: Wenn ein Markus Rogan einen Weltrekord geschwommen ist, freut man sich – aber kaum jemand kann nachvollziehen, was das ist. Das ist Lichtjahre von allem entfernt, was einer, der sonst ein bisserl herumschwimmt, jemals leisten kann.

Das heißt, dass Hobbysportler nie in diese Sphären vorstoßen können?
**Haber:** Die Lichtjahre sind nicht physisch. Die physische Belastung würden auch Sie mit entsprechender Betreuung und wenn man Sie fernsteuert, durchstehen. Sie wären nachher eben in einem Zustand wie nach einer schweren Krankheit. Aber davon würden Sie sich erholen. Das Problem ist, dass Sie es psychisch nie schaffen werden. Sie sind nicht dieser Typ. Der Resnik würde dafür andere Dinge nicht schaffen – aber Sie und ich würden das keine drei Tage durchstehen: Das, worauf es ankommt, passiert im Kopf. Damit sind Sie allein, das können Sie nicht trainieren, das sind Sie – oder Sie sind es nicht.

# Eines Widerspenstigen Zähmung

## Manuela Resnik erklärt Sepp Resnik

Am Anfang war ein Blechschaden: 1997 touchierte Sepp Resnik Manuelas Ferrari – und heiratete sie im Dezember 2000. Die 1964 geborene, bis dahin absolut unsportliche Sekretärin beim Österreichischen Bundesheer (ein Zufall: der Offizier und die zivile Beamtin waren einander in der Kaserne nie begegnet) wurde von Resnik mit dem Extremsportvirus infiziert: Mittlerweile läuft die Frau, die 15 Jahre sparte, um sich einen gebrauchten Ferrari zu kaufen (daher auch ihr Spitzname »Miss Ferrari«), selbst den Zehnfach-Ironman. Doch auch sie veränderte das Leben des Ironman grundlegend: Sie stellte ihn vor der Hochzeit vor die Alternative: »Ich oder dein Gogo-Schuppen.« Am Tag nach diesem Ultimatum gab Resnik die Schlüssel seines Strip-Lokals »Beverly Hills« ab.

Wer ist Sepp Resnik?

**Manuela Resnik:** Gute Frage. Ich habe ihn als Ironman kennen gelernt – aber seit dem 22.12.2000 ist er vor allem einmal mein Mann. Kennen gelernt haben wir uns im Mai 1997, beim ersten Ferraritreffen von Ferrari-Austria-Präsident Heribert Kasper in der Steiermark.

Wie erklärt man Sepp Resnik jemandem, der nicht mit ihm verheiratet ist?

**Manuela Resnik:** Wahrscheinlich gar nicht: Das ist einfach ein extremer Mensch. Der nicht einfach ist. Und mit dem das Zusammenleben nicht einfach ist, sondern sehr extrem.

Ist es für ihn einfach, Sepp Resnik zu sein?

**Manuela Resnik:** Ja. Für ihn ist alles einfach – nur die anderen, also in dem Fall ich, haben mit seinem Leben Probleme. Sein früheres Leben ist für mich abgeschlossen, aber auch die Gegenwart ist nicht immer einfach.

Wie habt ihr euch kennen gelernt? Wir sitzen hier in der Kantine einer Bundesheerkaserne – Sepp ist Offizier, nicht Waffenhändler, du Sekretärin: Wie kommen zwei so grundverschiedene Leute zu einem Ferraritreffen?

**Manuela Resnik:** Er hat von Kasper einen Testarossa bekommen, um damit zu einem Ferraristi-Vortrag zu kommen. Und ich war mit meinem Ferrari 348ts dort. Den hatte ich nach 15 Jahren Sparen um 830 000 Schilling gerade gekauft.

Es war Liebe auf den ersten Blick?

**Manuela Resnik:** Also so kann man das wirklich nicht sagen: Wenn dir einer hinten drauffährt, weil er nicht mit einer Gangschaltung umgehen kann, ist das nicht lustig. Du sparst auf deinen Traum – und dann fährt dir einer rein. Sepp kann Rad und Motorrad fahren, mit meinem Ferrari lasse ich ihn nicht fahren (lacht). Aber der Schaden war nur oberflächlich. Ich habe ihm dann die Leviten gelesen – weil er nicht Abstand gehalten hat. Er hat aber gesagt, er habe halt wissen wollen, wer die Frau im Auto vor ihm ist ...

Und das war es dann?

**Manuela Resnik:** Nein. Ich habe mir dann den Vortrag angehört. Ich hatte keine Ahnung, was ein Ironman ist. Ich kannte den Bewerb nicht. Und es hat mich auch nicht umgehauen, es zu erfahren. Aber einen Monat später, im Juni 1997, fand in Velden das zweite Ferraritreffen statt. Und da hat der Sepp mich überredet, Schwimmen zu gehen. Obwohl ich Wasser hasste. Und so hat sich das dann ergeben.

Du hast Wasser gehasst?

**Manuela Resnik:** Nicht nur das Schwimmen. Ich war keine Sportlerin, ich habe Turnen immer gehasst. Da hatte ich meine schlechtesten Noten. Und da ich seit meinem 18. Geburtstag auf meinen Ferrari sparte, habe ich nie Sport betrieben – ich bin immer zu Hause bei meiner Mama und bei meiner Großmutter gesessen. Sonst wäre sich der Ferrari nie ausgegangen.

Wie passt aber jemand, der also eher sesshaft ist, zu Sepp Resnik?

**Manuela Resnik:** Er hätte kein Problem damit gehabt, wenn ich auch weiter keinen Sport gemacht hätte. Aber er kann bis heute nicht ruhig sitzen. Wenn du mit ihm im Kino sitzt, dann fängt er an zu zappeln – das ist für mich ein Problem. Denn ich bin eher ein ruhiger Mensch. Leider ist meine Ruhe nicht ansteckend, das wäre schön. Ein schöner Ausgleich – denn er hat mich schon angesteckt.

Wie?

**Manuela Resnik:** Es begann mit dem Frauenlauf in Wien, am 10. Juni 2001. Da hat die Organisatorin, Ilse Dippmann, Frauen gesucht – und der Sepp hat gemeint, seine Frau könnte da helfen. Ich sagte: »Was? Fünf Kilometer laufen?« Aber Sepp hat gemeint, dass das kein Problem wäre. Und so hat das begonnen – obwohl ich auf diesen fünf Kilometern sechs Mal gestorben bin. Aber ich habe es trotzdem geschafft – und am nächsten Wochenende wollte ich einen 7,5-Kilometer-Lauf machen: Ich wollte wissen, ob ich das schaffe.

Die Woche drauf war dann ein 100-Kilometer-Lauf. Ein Rundkurs im Wiener Prater. Und ich dachte mir: »Wenn ich fünf und 7,5 Kilometer schaffe – wo ist dann der Unterschied zu 100 Kilometern?«

Äh: Vielleicht im Multiplikationsfaktor?

**Manuela Resnik:** Ja, schon – aber das habe ich am eigenen Leib feststellen müssen. Ich bin dann am 24. Juni 2001 um vier Uhr früh los. Sepp meinte, es gäbe keinen Lauf, der so früh startet – und als ich ihm sagte, dass ich 100 Kilometer laufen würde, hat er nur gemeint: »Ich komme dann in fünf Stunden vorbei und sammle ein, was von dir übrig ist.« Ich bin trotzdem hin – und habe mich gewundert, dass da nur 50 Leute waren, die Events davor waren alle Massenveranstaltungen gewesen. Ich bin gelaufen, gegangen, gelaufen, gegangen – und dann nur noch gegangen. Sepp ist irgendwann aufgetaucht und war erstaunt, dass ich noch immer im Rennen war. Ich habe gesagt: »Nach 13 Stunden ist das Rennen zu Ende – und bis dahin mache ich weiter.« Ich habe dann 80 Kilometer geschafft. Ich konnte nachher eine Woche nicht gehen. Aber das war es wert. Und nachdem ich das geschafft hatte, wollte ich immer weiter an die Grenzen gehen.

Die Sehnsucht nach Grenzerfahrungen ist also ansteckend?

**Manuela Resnik:** Das auch – aber viele Leute sagen mir, dass ich das nie durchgestanden hätte, wenn ich nicht 15 Jahre auf meinen Ferrari gespart hätte. Ohne diese Zähigkeit und Zielstrebigkeit hätte ich den Kopf und den Willen nicht, Ultra-Sport zu machen. So habe ich gelernt, hart zu sein und mein Ziel zu verwirklichen.

Zum Ferrari kommen wir noch. Bleiben wir einmal bei Sepp: Was steuert Sepp Resnik? Wie lenkt man den?

**Manuela Resnik:** Den kann man gar nicht lenken oder steuern. Er macht, was ihm in den Kopf kommt. Er lässt sich da auch nichts dreinreden. Ich versuche auch, ihm jetzt nicht reinzureden, wenn er diese 100 000 Kilometer machen will. Das hätte keinen Sinn: Der Sepp tut sowieso das, was er will.

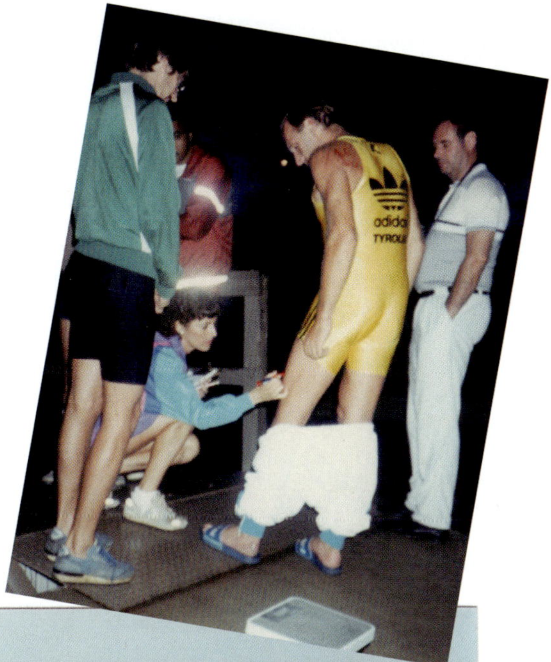

Oben: vor dem Start zum zweiten Doppel-Triathlon in Hunstville/Alabama.
Rechts neben Resnik stehend: Herbert Völker, damals für den »Playboy« im Einsatz
Unten: Mentor, Trainer und treuer Freund: Hans Schackl (vor dem ersten Start in Grenoble, Dreifach-Triathlon).

Oben: »Es war wie in der Waschmaschine«: Der erste Versuch, nach Gibraltar zu schwimmen, musste abgebrochen werden.
Unten: irgendwo im nirgendwo: »Keine Ahnung wann und wo das genau war – aber da haben wir einen 1000-Kilometer-Lauf gemacht.«

Oben: »Ich habe jedes Wochenende an ein, zwei oder drei Leichtathletik-Bewerben teilgenommen – und bin sicher 500 Mal auf einem Siegerstockerl gestanden. Da habe ich den Überblick verloren.«
Unten: nach der Schwimmstrecke eines »kleineren« Triathlon in Österreich in den 90er Jahren.

Oben: Hochzeit mit Manuela: Rechts im Bild: der Trauzeuge und Präsident der österreichischen Ferrari-Freunde, Heribert Kasper.
Unten: Manuela und ihr Ferrari. Wohl einzigartig: der Fahrrad-Träger.

Oben: Manuela sagte: »Die Gogo-Bar oder ich« – und am nächsten Tag gab Resnik die Schlüssel zum Beverly Hills ab.
Unten: Der Papst war über Resniks Auftritt amüsiert – und bat den Kardinal hinter sich, doch bitte ein Bild zu machen: »Das war, glaube ich, der Ratzinger.«

16 KURIER CHRONIK SAMSTAG, 25. OKTOBER 2003

# Fünf Millionen Pedaltritte: Mit dem Rad um die Welt

## Sepp Resnik startet zu 24.343 Kilometer langer Tour

65 Tage oder 24.343 Kilometer lang wird sich Sepp Resnik auf seinem Fahrradsattel abquälen und Spenden sammeln

Ein Sepp Resnik ist nicht aufzuhalten. Als der 50-jährige Ausnahmeathlet am 27. November des Vorjahres jäh von seinem Motorrad befördert wurde (eine Pkw-Lenkerin hatte eine Stopptafel übersehen), musste der Start zur Weltumradelung abgesagt werden. Fast ein Jahr später, nach zwei Operationen, mehrmonatigem Spitalsaufenthalt und harter Rehabilitation sitzt Resnik wieder auf dem Rad. Er startet am Nationalfeiertag zur Charity-Tour in 65 Tagen um die Welt.

Samstag Abend lädt die Landeshauptfrau der Steiermark, Waltraud Klasnic, zu einem Empfang in die Grazer Burg. Schlag Mitternacht wird Ironman Resnik in die Pedale treten. 65 Tage, 24.343 Kilometer und irgendwo um die fünf Millionen Pedaltritte später wird Resnik, so alles gut geht, in Wien empfangen.

**QUAL** Die Reise der hunderttausend Qualen: Tägliche Etappen auf dem Rad zwischen 300 und 500 Kilometer – auf jedem Terrain.

Sepp Resnik: „Ich schlafe generell wenig. Zwei mal zwei Stunden reichen. Und dann ist es eine so schöne Aufgabe, dass es mich Tag für Tag aus dem Bett und aufs Rad drängen wird." Das bedeutet: Um Mitternacht aufstehen, 100 Kilometer bis zum Frühstück um 6 Uhr radeln. Wieder 100 km bis zum Mittagessen, kurzes Nickerchen und 100 km am Nachmittag, den Rest der Tagesetappe nach dem Abendessen.

Für Versorgung, Kommunikation und Erste Hilfe ist ein ganzer Konvoi mit unterwegs. „Mit dem Konvoi können wir 2000 km autark unterwegs sein." Resnik wird zum Schutz vor dem Verkehr von einem Mann auf einer geländegängigen KTM begleitet. Er sorgt für Erste Hilfe und in den Nachtstunden für ausreichende Sicht.

Und wo ist die Grenze? „Das merkt man sofort: Sinnesverlust, schlecht Sehen und Hören, Geschmacksverirrung – dann ist man im roten Bereich und steigt ab."

Die Weltreise des Sepp Resnik lässt sich auch auf der KURIER-Homepage verfolgen. Dort ist via Global Positioning System jederzeit abrufbar, wo der Ausnahmesportler sich gerade abstrampelt.

▸ INTERNET
*www.kurier.at*
*www.geospace.at*

**24.343 Kilometer auf dem Rad** ▸ 26. Oktober bis 30. Dezember 2003

### CHARITY
## Lebenshilfe, Polio-Plus

Wer Sepp Resniks Charity-Reise unterstützen will, kann zweifach helfen. In Österreich gesammelte Spenden gehen an das Heim der Deutschlandsberger Lebenshilfe. In dem 2000 errichteten Haus des gemeinnützigen Vereins „mit" werden spastisch gelähmte sowie an Kinderlähmung erkrankte Jugendliche betreut.

Alle international eingehenden Spenden gehen an ein Mega-Projekt der weltweit wohltätigen Rotary Foundation. „Eine Welt ohne Kinderlähmung," ist das Versprechen der Foundation. Noch 1988 erkrankten laut WHO 350.000 an der Kinderlähmung, einer Virusinfektion, die zu Lähmungen und Tod führen kann. Elf Jahre später waren es 7100, aber 2001 gab es nur noch 500 Neuerkrankungen. 1988 war Polio in 125 Staaten der Welt ein Problem, 2001 in nur noch 20 Staaten. 1,5 Milliarden Kinder wurden bis heute geimpft.

KURIER-Spendenkonto für die Lebenshilfe Deutschlandsberg mit dem Stichwort „Polio Plus": PSK 60.000, Kto.-Nr. 1.850.008

Maximale Aufmerksamkeit: Die dritte Tour des Weltumrunders wurde von Medien und Sponsoren mit größter Aufmerksamkeit begleitet und dokumentiert.

»Auch wenn dir die ganze Welt alles Gute wünscht, die Leistung musst du dann doch ganz alleine bringen.« Resnik unterwegs (auf der dritten Tour) und bei einer der kurzen Verschnaufpausen.

Der – bislang – letzte Streich: Der Weltrekord im Dauerskifahren. »Alle, die sagen, dass ich nur im Begleitauto sitze oder sonst wie schummle, hätten sich da vor Ort selbst ein Bild machen können – aber natürlich ist keiner von ihnen gekommen.«

Hans Schackl, sein erster Trainer, sagt, Sepp Resnik sei untrainierbar.
**Manuela Resnik:** Das stimmt. Und das ist sehr, sehr mühsam. Aber ich habe auch nie auf den Sepp gehört. Er wollte mir auch ständig Trainingstipps geben – aber ich habe das nie beachtet. Ich habe mir immer gesagt: »Ich gehe zu einem Wettkampf – und den mache ich zu Ende. Ich brauche doch kein Training, ich habe meinen Willen.« Und das war auch so: Ich habe nie trainiert und bin nur Wochenende um Wochenende zu Rennen gefahren. Wettkampf ist Training – und Training ist Wettkampf. Für mich funktioniert das.

Kommen wir zum Ferrari: Wie wurdest du Österreichs Miss Ferrari?
**Manuela Resnik:** Ich habe als Kind immer mit roten Modellautos gespielt. Und irgendwann habe ich mitbekommen, dass das Ferraris waren. Ein Mythos und ein Traum …

… ja, aber diesen Traum haben viele. Trotzdem spart keiner 15 Jahre auf den Wagen.
**Manuela Resnik:** Das stimmt. Ich bin eben nie auf Urlaub gefahren und habe bis zu meinem 37. Lebensjahr bei meiner Mama gewohnt. Das klingt nach Wahnsinn, aber wir haben dadurch ein sehr gutes Verhältnis.
Die Ferrari-Entscheidung fiel, als ich 18 war. Mit 18 habe ich den Führerschein gemacht und mir gesagt, ich spare auf meinen Traum, den Ferrari. Ich will keinen Opel oder Golf. Ich wusste nicht, wie lange ich brauchen würde, aber ich habe eben einfach einmal begonnen zu sparen. Nach 15 Jahren hatte ich 830 000 Schilling beisammen und habe mir einen sieben Jahre alten Ferrari 348ts kaufen können. Den habe ich immer noch. Er ist jetzt 16 Jahre alt – und sollte ein bisserl restauriert werden.

Fährst du mit dem Wagen?
**Manuela Resnik:** Na ja, hin und wieder zu Ferraritreffen. Und zwei bis drei Mal im Jahr mache ich mit dem Sepp eine Ausfahrt. Aber jetzt haben wir einen jungen Hund

und der fürchtet sich vor dem Lärm des Auspuffs – da muss ich also verzichten und werde nur mehr zweimal im Jahr ausfahren.

Aber so ein Auto muss doch bewegt werden.
**Manuela Resnik:** Ja, schon. Sonst entstehen Risse in den Dichtungen. Das Auto wird gepflegt – aber es ist nicht gut, wenn es kaum bewegt wird. Nur – einen Ferrari zu fahren ist eben teuer.

Ist so etwas vernünftig?
**Manuela Resnik:** Vernünftig ist es sicher nicht – aber man muss so leben, wie man es möchte. So, wie man es sich erträumt. Und wenn ich ganz normal wäre, könnte ich mit Sepp Resnik nicht zusammen sein. Da muss man ein bisserl extrem sein.

Zurück zu Sepp: Kannst du erklären, wieso viele Leute Sepp nicht glauben, dass er das, was er getan hat, wirklich getan hat?
**Manuela Resnik:** Ich glaube, dass man es ihm einfach nicht zutraut. Weil die meisten Menschen nicht verstehen, dass das alles im Kopf passiert. Und auch, weil keiner dabei ist. Sepp sagt immer: »Dann fahrt halt mit« – aber das tut keiner. Ich habe 2003, bei der dritten Weltumrundung, seine Tagesberichte aus der ganzen Welt zugeschickt und durchtelefoniert bekommen und habe sie ins Internet gestellt. Da bekommt man schon mit, wie das ist. Und ich glaube ihm, dass er das alles genau so durchgezogen hat. Wieso sonst sollte er sich das alles antun? Für wen? Reich wird man damit ja nicht.

Trifft es dich, wenn Leute sagen, dein Mann sei ein Hochstapler?
**Manuela Resnik:** Egal ist es mir nicht. Aber ich denke mir, dass diese Leute keine Ahnung haben. Und sie sollten nicht groß reden, sondern mitfahren, und wenn es nur für ein paar Tagesetappen wäre. Dann würden sie es mit eigenen Augen sehen. Und vielleicht beginnen zu

verstehen, was in ihm vorgeht. Die sitzen daheim oder im Wirtshaus und reißen den Mund auf – aber sie haben keine Ahnung, was das für eine Leistung ist.

Hättest du früher geglaubt, dass einer wie der Sepp all das, was er nicht dokumentiert hat, trotzdem tatsächlich gemacht hat?
**Manuela Resnik:** Wahrscheinlich nicht. Das alles ist schwer zu verstehen. Ich verstehe die Zweifler – vor allem, wenn sie keinen Sport machen und sich das deshalb überhaupt nicht vorstellen können.

Würdest du selbst je 25 000 Kilometer oder 100 000 Kilometer mit dem Rad fahren?
**Manuela Resnik:** Wenn, dann würde ich sagen: 150 000 Kilometer. Um den Sepp zu schlagen.

Wieso?
**Manuela Resnik:** Ich bin so. Wenn jemand mir etwas beweisen will, lege ich ein Schäuferl nach. Das war auch bei dem zehntägigen Skiweltrekord im Jänner so. Da bin ich ja mitgefahren.

Du warst da auch dabei? Aktiv?
**Manuela Resnik:** Ja, die ganze Zeit. Das war gar nicht so anstrengend – ich würde mir elf Tage zutrauen.

Aber in den Berichten steht immer nur »Sepp Resnik fuhr 10 Tage«. Ist das das Schicksal der Ehefrau?
**Manuela Resnik:** Das ist doch immer so, dass das, was Frauen machen, nicht zählt. Ich war auch die einzige Österreicherin, die vom 1. bis zum 7. April 2006 in Griechenland beim 7-Tage-Marathon mitgelaufen ist. Da war kein einziger Mann aus Österreich dabei. Ich bin 511 Kilometer gelaufen – aber das interessiert niemanden. Ist ja nur eine Frau, die so was tut.

Du bist knapp davor ja auch am Laufband fast Weltrekord gelaufen – und auch da haben nicht allzu viele Medien darauf reagiert.
**Manuela Resnik:** Ja, leider. Allerdings ist eine Lauffreundin den Weltrekord gelaufen. Ich war nur ihr Buddy. Sie hat mich gebeten, ihr zu helfen – weil sie sich 48 Stunden am Laufband nicht wirklich zutraute. Ich bin neben ihr 291 Kilometer gelaufen, sie 302 – und ich habe ihr vorher versprochen, dass ich sie nicht überholen werde, egal was passiert. Ich habe gesagt, ich steige ab, bevor ich sie überhole.

Das widerspricht aber deiner Ehrgeiz-Ansage von soeben.
**Manuela Resnik:** Naja, bei einem Mann hätte ich das nie gemacht.

Aber beim Skiweltrekord war es o.k., im Hintergrund zu bleiben?
**Manuela Resnik:** Ich musste im Hintergrund bleiben, weil ich ja Sepp motivieren sollte, und darum habe ich das eher für mich gemacht. Nicht für irgendwen anderen.

Aber du dokumentierst – im Gegensatz zu Sepp – deine Leistungen.
**Manuela Resnik:** Ich sammle jeden Schnippel. Das hat beim Ferrari angefangen. Und ich habe auch sehr viele Sportartikel – die lese ich mir immer wieder durch und denke mir, dass das schon ein Wahnsinn ist, was ein Mensch so alles schaffen kann.

Hättest du dir das alles früher selbst je zugetraut?
**Manuela Resnik:** Nein, nie. Aber mittlerweile hat sich da einiges getan. Ich habe früher das Wasser gehasst – und jetzt mache ich Ironman-Veranstaltungen: Da springt jemand, der Wasser gehasst hat, in einen 25-Meter-Pool, um für einen Zehnfach-Ironman 30 Stunden hin und her zu schwimmen! Ich habe das 2004 in Hawaii beim Zehnfach-Ironman gemacht. Das hätte ich mir früher alles nicht vorstellen können: Die Hände hatten Risse wie eine Wasserleiche, man schaut nicht mehr sehr gut aus

– der Arzt hat mich nach 24 Stunden rausgenommen. Ich bin dann mit diesem Zeitverlust wieder reingegangen, bin 1800 Kilometer auf Druck Rad gefahren, etwa fünf Tage lang, und dann ging es zum 420-Kilometer-Lauf. Wenn du mir früher gesagt hättest, dass ich das einmal machen würde, hätte ich dich einweisen lassen.

Zählt für dich die Platzierung? Oder genauer: Bist du ehrgeizig?
**Manuela Resnik:** Manchmal ja. Aber dann auch wieder nicht: In Griechenland ist eine Amerikanerin knapp hinter mir gelaufen und alle haben gesagt, ich solle sie nur nicht vorbei lassen. Aber da ist mir dieser Hund ständig nachgelaufen, dem habe ich auf dem Rundkurs immer wieder mein Essen abgegeben. Und die Amerikanerin hat mich überholt. Viele verstehen sowas nicht – aber ich habe mir gedacht, dass es doch wurscht ist, ob du bei 27 Athleten siebzehnte oder achtzehnte oder sechzehnte wirst.

Ganz abgesehen vom Sport: Ist Familie Resnik jenseits des Sports normal?
**Manuela Resnik:** Ich glaube schon. Zurzeit haben wir diesen Hund. Und der ist fast unser Kind. Der heißt Bubi, er ist uns in Griechenland zugelaufen. Das taugt uns sehr und hält uns zusammen.

Wäre Sepp ein guter Vater?
**Manuela Resnik:** Eigentlich nein. Ich hätte gerne Kinder gehabt, aber mit Sepp ist das nicht möglich: Wenn ich ein Kind habe, soll sich auch der Vater kümmern. Aber wie soll das gehen, wenn der auf dem Fahrrad sitzt und rund um die Welt fährt? Ein ganzes Jahr!
Das würde ein Kleinkind zwar nicht unbedingt mitbekommen, aber ich finde, das wäre nicht gut. Ich glaube aber auch, dass der Sepp vom Typ her kein Vater ist. Vielleicht dann, wenn er einmal Ruhe gibt – mit 70. Aber da will er ja den Ganges hinunterschwimmen. Na, dann eben erst mit 80.

Als du Sepp kennen gelernt hast, hat er eine Gogo-Bar im ersten Bezirk in Wien gehabt. Hat dich das gestört?

**Manuela Resnik:** An und für sich habe ich ihn als Sportler kennen gelernt. Dann habe ich gehört, dass er Offizier ist – und dann habe ich von Lokalen, Gogo-Girls und so gehört. Dass er diese Lokale führt. Ich konnte mir das nicht vorstellen und habe ihn darauf angesprochen. Er hat das gar nicht geleugnet, sondern mich mitgenommen. Ich habe mir diese Lokale angeschaut. Und vor allem mit den Kellnern gesprochen. Was dort passierte, hat mich nicht wirklich interessiert – und der Sepp hat dort zu arbeiten gehabt.

Ich habe Sepp dann erklärt, dass ich nicht mit einem Mann zusammenleben will, der Lokale mit Gogo-Girls betreibt. Das war damals eben im ersten Bezirk das Beverly Hills. Außerdem gab es noch ein Gasthaus in Gföhl, in Niederösterreich. Von dem haben viele Leute behauptet, dass das eine Diskothek sei. Und andere haben gesagt, das sei ein Puff, aber ich kann mir das bis heute nicht vorstellen. Wer fährt schon nach Gföhl, um in ein Puff oder in eine Disco zu gehen? Das ist ja viel zu weit weg von der Zivilisation. Drum hat das ja auch schon als Gasthaus nicht funktioniert.

Ich hab jedenfalls deutlich gesagt, dass ich das nicht mag. Mir ging es auch um den Ruf, der einem anhaftet, wenn man nur in der Nähe dieses Milieus arbeitet. Da glaubt jeder sofort, dass das Rotlichtetablissements sind – und auch wenn das gar nicht stimmt, ist es sinnlos, etwas dagegen zu sagen: Das glaubt dir keiner. Drum habe ich dem Sepp gesagt, dass ich das nicht will.

Wieso hat Sepp sich eigentlich auf diese Gogo-Sache eingelassen?

**Manuela Resnik:** Na ja, das war wieder so eine Sache. Der Sepp hat bei seinen Starts in Amerika gesehen, dass es Animierlokale gibt, in denen keine Prostitution betrieben wird. Damals gab es in Wien aber noch keine Gogos. Und alle haben ihm gesagt: »Unmöglich, das funktioniert nicht.« Und wenn man Sepp sagt, dass etwas unmöglich

ist, dann muss er es probieren. Das war im Beverly Hills in Wien dann genauso: Er hat sich das Geld ausgeborgt – und es hat funktioniert. In Gföhl hat das allerdings nicht hingehaut.
Ich habe mir das Beverly Hills einige Male angeschaut – und das war kein Puff. Trotzdem wollte ich nicht, dass mein Mann so ein Lokal betreibt. Und das habe ich ihm dann auch klipp und klar gesagt.

Wie?
**Manuela Resnik:** Ich habe ihm gesagt, dass er sich entscheiden muss. Ich oder die Bar.

Man kann Sepp Resnik also doch lenken. Mit Daumenschrauben.
**Manuela Resnik:** Ja, das ist erstaunlich gut gegangen. Er hat sofort gesagt, er hört auf – und beim Sepp ist es so, dass er, wenn er mit etwas aufhört, ganz abschließt. So ist er: Wenn er etwas tut, dann voll – und wenn er etwas nicht mehr macht, dann gar nicht. Ich glaube, er war seither ein einziges Mal im Beverly Hills, wenn überhaupt. Der Punkt ist aber: Der Sepp hat sich entschieden – für mich.

Ist Sepp also ein geläuterter Sünder?
**Manuela Resnik:** Sagen wir so: Ich kenne Menschen, die ihn früher gekannt haben – und die sagen, er ist, seit wir zusammen sind, wieder das, was er früher war. Ein Sportler. Dazwischen war eine Phase in seinem Leben, die jetzt vorbei ist. Er hat sich komplett geändert. Als wir uns kennen lernten, war er ein anderer Mensch, in einem Universum, das nicht meines ist. Aber das ist vorbei. Sepp ist wieder der Sportler, der er früher war.

Sepp Resnik ist aber auch der Mann, der angeblich niemals schläft. Der einzige Mensch, der das bestätigen oder widerlegen kann, ist sein Frau. Also: Schläft Sepp Resnik?
**Manuela Resnik:** Sepp schläft nicht. Das ist leider wirklich so. Das ist ein Problem. Nicht für ihn, sondern für

mich. Weil in der Nacht der Fernseher läuft – und ich dann auch nicht richtig schlafen kann. Sepp schläft pro Tag – oder pro Nacht – höchstens zwei Stunden. Wenn überhaupt. Er kann es einfach nicht.
Wie er das macht, ist mir ein Rätsel: Ich habe das beim Fünffach-Ironman in Mexiko 2005 versucht. Da habe ich pro Nacht nur 15 Minuten geschlafen – und das hat funktioniert. Allerdings nur fünf Tage lang. Aber das ganze Leben? Das wäre unvorstellbar.
Ich glaube ja, dass der Sepp durch seinen Lebenswandel und die Bars nie wirklich zum Schlafen gekommen ist. Er kennt das einfach nicht, dass man sich niederlegt und schläft. Dabei ist Schlafen etwas Wunderschönes.

Dafür hast du immer jemanden, der dir das Frühstück macht.
**Manuela Resnik:** Nein, leider. Das tut er nicht.

Schade.
**Manuela Resnik:** Ja. Er ist – und das meine ich jetzt gar nicht böse – eben ein Egoist. Aber wenn man das tun will, was er getan hat, muss man ein Egoist sein. Sepp hätte sonst nicht das geschafft, was er sich vorgenommen hat.

# Resniks Welt

## Der Schrecken jedes Archivars

Auf manche Fragen kann Sepp Resnik nicht antworten. Etwa auf die nach seiner persönlichen Marathon-Statistik. Die meisten Hobby-, Profi- und Extremläufer können auf die Frage, wie viele Marathons sie denn schon gelaufen seien, eine sehr genaue Zahl, gefolgt von Details wie Ort, Datum, Zeit herunterbeten. Und wenn dann die Frage beantwortet ist, kommt – oft ungefragt – der Rest der individuellen Leistungsbiografie: Triathlons, Bergläufe, besonders gut erinnerliche Halbmarathons, Staffeln – und so weiter.

Nicht so bei Sepp Resnik: Den New York-Marathon, erinnert er sich spontan, sei er einmal gelaufen. Mit der steirischen Landesflagge über dem Kopf – und mit fünf oder sechs Herren der steirischen Landesregierung. »Die haben mich damals ein halbes Jahr vorher gefragt, ob ich sie zu Marathonreife bringen kann – und das habe ich dann auch getan. Ich habe da für jeden ein ganz individuelles Trainings- und Motivationsprofil erstellt. Ich glaube, ich war so etwas wie der erste Personal Trainer in Österreich – obwohl das Wort damals noch kein Mensch gekannt hat.« Stopp. Nachfrage: Wann war das genau, dieses »damals«? Resnik zögert. »Da müsste ich nachschauen.« Pause. »Nein, das hat keinen Sinn. Wo denn?« Nach der nächsten Pause: »Es war auf alle Fälle irgendwann Ende der 80er oder Anfang der 90er Jahre. Aber das ist doch wirklich nicht wichtig.«

Der Marathon, bei dem Sepp Resnik seine »Bürohengste« erfolgreich durch New York laufen ließ, lässt sich dann über drei Ecken und vier Archive herausfiltern. Er wurde am 1. November 1987 gelaufen. Aber welcher Zuhörer macht sich schon die Mühe, sich wegen der Eckdaten von Anekdoten, Erzählungen, Geschichten und Geschichterln in mühselige Archiv-Grabungsarbeiten zu stürzen? Noch dazu, wenn man als Zuhörer von einer ganzen Lawine zwar faszinierender, aber eben meist äußerst unpräzise datierter Erzählungen geradezu überrollt wird? Würde man da nicht eher erwarten, vom Erzähler weniger Geschehnisse, die aber dafür ordentlich dokumentiert, chronologisch gereiht und fundiert belegt vorgesetzt zu bekommen?

Aber wenn man bei Resnik nachhaken will, kommt nichts. Oder genauer: Es kommt das Gegenteil von »Nichts« – die nächste, übernächste und überübernächste Geschichte. Das nächste bisher unerwähnte Abenteuer, der nächste ebenso unglaubliche wie – schon dadurch aber durch die Kumulierung der Erzählungen noch verstärkt – unglaubwürdig klingende Ritt auf der Kanonenkugel. Aber: Wann? Wo? Und wie? Resnik ist schon wieder ein Stück weiter. Vergangenes interessiert ihn nur genau so, wie es ihm gerade einfällt: Immer subjektiv und assoziativ, nie chronologisch und praktisch nie datiert.

Womit das Dilemma der Resnikschen Lebensleistungsbilanz zwar weder gelöst noch hinlänglich geklärt, aber doch zumindest angeschnitten wäre: Sepp Resnik hat zeit seines Lebens keine Sekunde damit verbracht, seine Leistungen zu dokumentieren, aufzuzeichnen, zu katalogisieren oder systematisch zu archivieren. Er hat auch nie systematisch »geschnippelt« – also jene Zeitungsartikel gesammelt, die seine Leistungen (und sei es nur in einer Erwähnung in einer Tabelle) festhielten. »Das war für mich immer völlig uninteressant: Wenn etwas vorbei war, war es vorbei – und die nächste Aufgabe hat mich interessiert. Ich habe doch so viel gemacht, dass ich mir das unmöglich merken hätte können.« Und dass es für andere Menschen schon für ein ganzes postsportives Leben genügt, zu er-

Ein Jahr lang spielte Resnik beim GAK, dann hörte er auf. »Ich war zu kampferisch – das war gefährlich.«

Militärische Fünfkämpfer des Bundesheeres: Resnik mit Hans Schackl (ganz rechts) und Ewald Schaffer (ganz links).

zählen, wie das damals war, als man bei der Bezirksmeisterschaft im Kirschkernspucken den langjährigen Meister in Bedrängnis gebracht hat … »Das ist doch so wurscht!« Meint Resnik.

Am Anfang hat immerhin Mutter Resnik versucht, so etwas wie einen »Überblick« über die sportlichen Aktivitäten ihres ältesten Buben zu bewahren. Als Kind war das ja noch halbwegs einfach: Fußball und Judo – mit neun die Bubenolympiade (Gold im Bockspringen). Später dann, als Resnik bereits von Hans Schackl mit den Spitzen der österreichischen Lauf- und Leichtathletikszene trainiert wurde, kamen ein Ausflug in die österreichische Fußballbundesliga und diverse Militär-Meisterschaften dazu: Militärischer Fünfkampf, Laufen, Hindernislaufen, Hindernisschwimmen und Schwimmen etwa. »Wir sind nach halb Europa zu Meisterschaften geflogen.« Wohin und wann? Resnik zählt einige europäische Staaten auf – aber wann genau er da wo war, weiß er nicht mehr.

Freilich: Resnik war damals ja nicht alleine unterwegs, sondern als Teil der Militärischen Fünfkampfmannschaft des Bundesheeres. Nur: Auch dort ist man im Archivieren sportlicher Ergebnislisten der frühen 80er Jahre nicht besonders gründlich gewesen – oder hat zumindest nicht all zu eifrig verschlagwortet. Es gäbe zwar Jahrbücher der Militärakademie, in denen alles verzeichnet sei, heißt es da auf Nachfrage, aber man müsste schon sehr genau wissen, wonach genau gesucht werden solle: Online- oder einfach nur elektronische Suchtools waren damals ja noch nicht entwickelt gewesen. Vielleicht aber könnte sich der einstige Teamkapitän von Sepp Resnik noch erinnern. Ein Oberst in Ruhe: Ewald Schaffer.

Schaffer kann. Auch wenn es ihn nicht gerade mit Begeisterung erfüllt: »Jetzt soll ich mich wegen dem Resnik also an Jahreszahlen von vor Jahrzehnten erinnern, weil er das selbst nicht kann? Das ist mir eigentlich nicht sympathisch.« Aber Schaffer ist ein korrekter Mann – und gräbt Erinnerungen aus: »Bei Weltmeisterschaften war er, soweit ich mich jetzt auf die Schnelle erinnere, dreimal dabei: 1979 in Stavanger, Norwegen. 1980 in München und 1981 in Bremgarten, in der Schweiz.« Damals, so Schaffer, sei er Resniks Teamkapitän im militärischen Fünfkampf gewesen. Ob Resnik noch an anderen Weltmeisterschaften teilgenommen habe, könne er »ad hoc wirklich nicht sagen.« Resniks Leistungen, betont der pensionierte Oberst, seien aber nie herausragend gewesen. »Resnik war in meinen Augen nie ein Ausdauersportler, sondern einer mit einer sehr guten Schnellkraft – der 8-Kilometer-Hindernislauf war für ihn eine unheimliche Quälerei. Aber er hatte sich das in den Kopf gesetzt – und zog es durch.« Dennoch stehe fest: Resniks militärische Fünfkampfleistungen seien im internationalen WM-Vergleich immer eher bescheiden gewesen. Ist Sepp also – ganz im Gegensatz zu dem Bild, das er von sich selbst zeichnet – ein höchstens mittelmäßiger Sportler? Kann er deswegen keine Daten nennen und Medaillen vorlegen, weil es sie nicht gibt? Nein, betont Schaffer. Und auch wenn »Resnik immer etwas von einem Scharlatan an sich hatte, weil er alles was er tat, nur tat, um sich in Szene zu setzen«, müsse man dem Sportler Gerechtigkeit widerfahren lassen: »Resniks große Zeit kam später. Nach dem Bundesheer. Was er dann geleistet hat, ist enorm. Nicht zuletzt, weil er der Erste war, der sich hier in Österreich überhaupt getraut hat, solche Dinge anzugehen.«

Aber schon vor dem ersten Ironman, 1984, habe er mehr und mehr Sport außerhalb der Kasernenmauern getrieben, erklärt Resnik selbst: »Beim Bundesheer war das für mich irgendwann ausgereizt. Und dann bin ich überall angetreten, wo ich nur in der Nähe war: Leichtathletik, Mehrkampf, Skifahren – alles halt. Einmal habe ich mich bei der Wiener Landesmeisterschaft im Zehnkampf angemeldet – und bin dann Landesvizemeister geworden. Da gab es fast jedes Wochenende solche Bewerbe.« In Summe, schätzt der Sportler, »bin ich innerhalb von zehn Jahren sicher 500 Mal auf irgendeinem Stockerl gestanden. Allein zum Zehnkampf der Superstars hat man mich drei

Mal eingeladen.« Aber Urkunden? Pokale? Fotos? Sonstige Belege? Nada, niente, leider nein – Resnik bedauert. Und heute, 2006, erkennt er, dass das vielleicht doch ein Fehler war: »Ich habe das ja immer nur aus meiner Perspektive gesehen – dass das für Außenstehende kaum nachvollziehbar oder glaubhaft ist, beginne ich erst jetzt zu verstehen. Aber es war mir früher einfach nicht wichtig.«

Sepps Mutter hat immerhin versucht, den Weg ihres Sohnes im Auge zu behalten. Aber auch sie warf irgendwann die Archiv-Flinte ins Korn: »Wie ich mit dem Spitzensport begonnen habe, habe ich ihr versprechen müssen, alle Pokale und Medaillen nach Feldbach zu schicken. Oder vorbei zu bringen. Das ist ein Jahr lang halbwegs gut gegangen. Dann hat sie mich angerufen und gesagt, dass wir uns was überlegen müssten – sie fühle sich langsam wie in einem Altmetalllager.« Resnik griff zu einer radikalen Lösung – und entsorgte alle Pokale, Medaillen und Urkunden. Nur eine Hand voll Medaillen hob er auf: »Eine kleine Medaillensammlung, etwa vier Kilo Goldmedaillen. Das Zeug muss irgendwo bei meinen Eltern herumkugeln – aber den Rest habe ich verschenkt. An Leute, die solche Stücke freuen.« Ihm selbst, erklärt er, bedeuten derlei Artefakten nichts. »Die Erinnerungen an das, was ich getan habe, sind eh in meinem Kopf.«

Aber dort eben nicht sortiert: Als Resnik bemerkte, dass es zu viel wurde, um den Überblick zu bewahren, war es zum Einen zu spät – und zum Anderen hatten sich seine Prioritäten da auch schon gänzlich von der Ranking- und Dokumentations- auf die ganz subjektive Selbstüberwindungsebene verlegt. Und so gibt es etwa Autogrammkarten und Lebensläufe, auf denen sogar unterschiedliche Jahreszahlen seiner Teilnahme an den Triathlons in Hawaii, Alabama und Grenoble stehen. In seinem Lebenslauf, der auf der Homepage des Resnik Xtreme-Teams steht, fehlt der erste Start in Alabama zur Gänze.

Aber all das irritiert Resnik nicht wirklich. »Ich bin jeden dieser Triathlons insgesamt drei Mal gelaufen. Zuerst zwei Mal Hawaii, dann zwei Mal Alabama und dann einmal Grenoble. Dann kam der Ultimo – oder habe ich das dritte Mal Alabama noch davor, 1989 müsste das gewesen sein – gemacht? Ist doch völlig egal. Zwischen dem Ultimo und der ersten Weltumradelung war ich dann noch einmal in Hawaii und dann in Grenoble – oder umgekehrt? Egal: Es hat Spaß gemacht …«

Anmerkung: Manche Dinge – schwere Verletzungen zum Beispiel – blendet Resnik da mitunter einfach aus. Bei seinem letzten Start in Grenoble etwa, im Mai 2002, im zweiten Teilbewerb – also beim Radfahren – wurde er von einem Auto niedergestoßen und musste mit schweren Bein-, Arm- und Schulterverletzungen ins Krankenhaus eingeliefert werden (gewonnen hat damals übrigens ein anderer Steirer, Wolfgang Erhart. Der Schladminger stellte mit 35 Stunden, 30 Minuten und 29 Sekunden einen neuen Dreifach-Triathlon Weltrekord auf). Resnik betont aber, keine Niederlagen zu kennen: »Ich kenne keine Niederlagen, sondern Lektionen – das lernt man auch im Kampfsport: Bei jeder angeblichen Niederlage lerne ich etwas über mich und meinen Gegner – und beim nächsten Mal weiß ich dann, wie ich mit dieser Situation umzugehen habe.«

Resnik funktioniert so – und wenn gerade deshalb immer wieder Leute daran zweifeln, dass er wirklich dabei war? »Dann kann ich denen auch nicht helfen. Aber mittlerweile lässt es mich kalt: Sollen sie sagen, was sie wollen.«

Die Frage, wie viele Marathons er denn nun gelaufen sei, versucht Resnik dann aber doch noch zu beantworten. Schließlich ist das eine Distanz, die auch für Hobbyläufer vorstellbar ist – aber nach ein paar Minuten Grübeln gibt er auf: »Keine Ahnung. Weißt du, ich bin da zum Beispiel einmal bei irgend so einem Friedenslauf mitgelaufen. Keine Ahnung mehr, wann das war. Aber irgendwann im Sommer oder Frühling halt.« (Es dürfte sich um einen der vielen Läufe der Sri-Chinmoy-Bewegung gehandelt haben, welchen Resnik da aber genau meint, geht auch aus den Online-Lauf-Archiven der Chinmoy-Bewegung nicht hervor, Anm.) »Da hätte ich eine Fackel, die rund um die Welt gehen sollte, vier Kilometer weit tragen sollen. Von der steirischen Landesgrenze Richtung Graz oder sogar Wien. Aber der, der sie nach mir hätte nehmen sollen, hat sich nach zwei Kilometern schwer getan – da hab ich sie dann halt wieder genommen – und weil ich eh grad im Training war, und das Wetter und die Leute – eine ganze Gendarmeriestaffel – super waren, habe ich die Fackel dann 90 oder 100 Kilometer weit getragen. Das hat einfach Spaß gemacht – und ob da das Wort ›Marathon‹ drübersteht oder nicht, ist doch wirklich völlig egal.«

# Resniks Welt

**Motivation**
Die Frage nach dem »Warum« ist mittlerweile wohl müßig: Sepp Resnik tut, was und wie er es tut, weil er nicht anders kann. Weil in seinem Inneren ein Schalter fällt, sobald jemand sagt, irgendetwas ginge nicht. Sei nicht zu machen, nicht zu organisieren, nicht zu vollbringen oder sonstwie unmöglich. Aber das ist noch nicht alles: Auch wenn er mittlerweile die 50er-Grenze überschritten hat, ist Sepp Resnik im Herzen immer noch ein kleiner Bub. Einer, der neugierig ist, der alles selbst erfahren, angreifen und erleben möchte – und der sich nicht damit zufrieden gibt, dass ihm ein X-beliebiger erzählt, wie etwas ist. Oder wie es sich anfühlt. Oder wie es dort aussieht. Und wie ein kleiner Bub auch, ist Resnik von der Idee beseelt, andere an seinem Traum teilhaben zu lassen. Weil er überzeugt ist, dass sein Traum auch Teil des Traumes vieler anderer Menschen ist – nur sind die oft zu sehr in ihrer normierten Alltagswelt gefangen, um sich (und anderen) das offen einzugestehen. Die Rolle des Verführers – und sei sie nur zu einem Stück geborgten Abenteuers – findet der Multi-Triathlet deshalb schmeichelhaft: »Ich gebe dir jeden Tag einen tollen steirischen Apfel, im Herbst dann tolle Weintrauben – und dann leg ich dir einmal, ohne ein Wort zu sagen, auch eine Mango dazu, dann wirst du die auch probieren wollen. Du wirst gar nicht widerstehen können – und so ähnlich ist das auch bei mir und meinen Abenteuern«, erzählt Resnik – und ist sich selbst nicht ganz sicher, ob er damit beschreibt, wie er sich selbst immer wieder in Versuchung führt oder ob das die Methode ist, mit der er Medien und Sponsoren auf sich aufmerksam macht. Vermutlich beides.

Aber außer der Neugierde, der Unrast und dem Wunsch, sich selbst (und nebenbei auch dem Rest der Welt) zu beweisen, dass das Unmögliche immer erst der Anfang des nächsten Projekts ist, kommt bei den meisten – zumindest

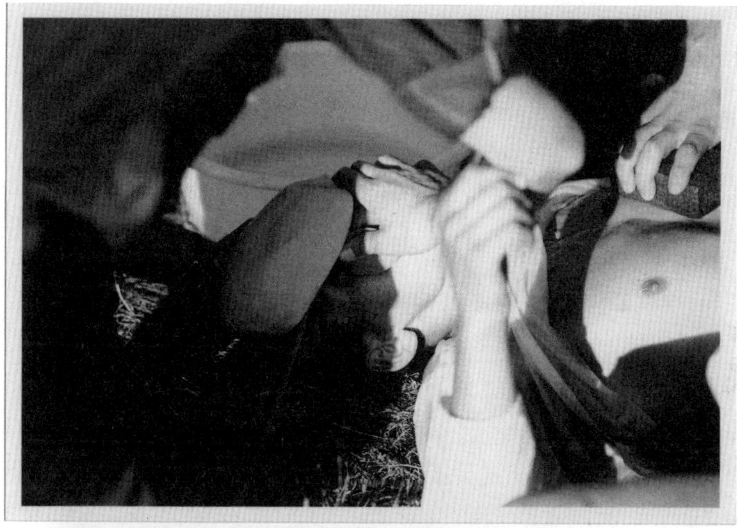

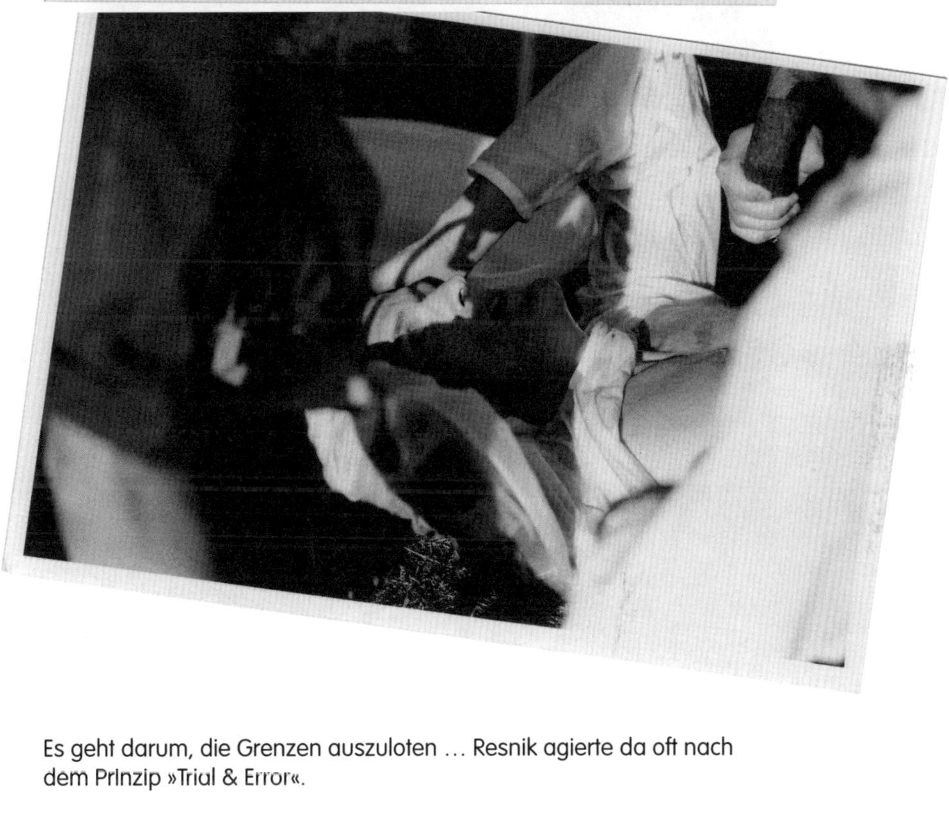

Es geht darum, die Grenzen auszuloten … Resnik agierte da oft nach dem Prinzip »Trial & Error«.

Damals, beim Heeressport: Sepp Resnik spielte im Spitzenfeld mit, dokumentierte aber nie, wann er wo auf dem Stockerl stand.

den späteren – »Werken« des Extremsportlers noch ein weiterer Gedanke dazu.

Und auch wenn das jetzt unendlich platt und übertrieben klingt: Sepp Resnik will die Welt retten. Oder zumindest etwas dazu beitragen, dass diese Welt ein besserer Ort wird. Der Satz »Ich habe eigentlich meistens ein soziales Anliegen auf meiner Fahne« mag naiv klingen – aber er kommt von Herzen: 1994 fuhr er »als österreichischer Soldat im Namen des Friedens« um die Welt, 2003 fuhr er quasi als »Schrittmacher« einer von den Rotariern in seinem Windschatten abgehaltenen Spendenaktion zur Bekämpfung der Kinderlähmung und 2007 will Resnik für das Jugendrotkreuz radeln. »Man muss etwas zurückgeben. Und sich darüber im Klaren sein, dass es bei alldem, was ich da mache, nur um Sport geht – während andere Menschen existenzielle Probleme haben. Aber gerade auf der Fahrt für die Rotarier habe ich gemerkt, wie toll es ist, wenn man im Sport und durch den Sport noch etwas erreichen und etwas Gutes tun kann.«

**Heimat und Werte**

Das »etwas zurückgeben« leitet dann auch zum zweiten Themenkomplex über, ohne den Sepp Resnik nicht vorstellbar wäre: das Bundesheer und Resniks Patriotismus.

Die Armee ist seine zweite Mutter: »Ich habe hier die Möglichkeit bekommen, mich weiter zu entwickeln, zu lernen und mich zu verwirklichen. Und auch wenn ich heute als Soldat im Amt für Wehrtechnik auch einen zivilen Titel auf der Visitenkarte führe und meinen Dienst nicht in Uniform versehe, bin und bleibe ich trotzdem immer Soldat.« Im Gegensatz zu vielen anderen Spitzensportlern, die beim Bundesheer quasi angestellt sind, um so optimal trainieren zu können, war der Extremsportler Sepp Resnik aber immer »Freizeitsportler«: »Ich lege Wert darauf und bin auch stolz darauf, wegen meines Trainings oder wegen meiner Triathlons, Ironmans und Weltumrundungen nie meinen Dienst hintangestellt zu haben: Ich habe für die Triathlons und für die Weltumrundungen immer in meiner Freizeit trainiert und für die Bewerbe immer Urlaub genommen.« Und auch wenn in Begriffen wie »Fahne«, »Heimat« und »Ehre« für viele Menschen heute eine gehörige Portion Pathos mitschwingt, ist es Sepp Resnik ernst, wenn er sagt, dass »es für mich der schönste und ernsthafteste Tag meines Lebens war, als ich im Hof der ältesten Militärakademie der Welt stehen durfte und den Eid ›bis in den Tod‹ leisten durfte: Österreich ist meine Heimat und das Bundesheer ist meine Mutter – und wenn es wirklich je hart auf hart gehen sollte, bin ich bereit, für diese beiden mein Leben zu lassen.«

Freilich: Mit dumpf-nationalistischem Chauvinismus oder Hurra-Patriotismus hat diese Form von Heimatliebe nichts zu tun. Den Stolz auf das Land, in dem er geboren und aufgewachsen ist, und Dankbarkeit »für alles, was mir dieses Land geboten und gegeben hat und mir immer noch gibt, bedeutet in keiner Weise, dass man sich über andere stellen darf. Sicher ist da im Sport und auf eine spielerische Art schon auch immer eine nationale Rivalität dabei – aber nach dem Schlusspfiff oder hinter der Ziellinie muss damit Schluss sein.« Und dass es da zwei Mal ausgerechnet die in Österreich gerne als »Piefke« gehassliebten Deutschen waren, die Resnik dazu brachten, sich im Wettkampf nur noch mit sich selbst messen zu wollen (als Anlass für die zweite Weltumrundung und den 10-Tage-Dauerskiweltrekord), »war Zufall. Das hätte mich auch bei Österreichern gereizt.« Obwohl da zumindest beim Ski-Rekord die Beleidigung der Heimat – das kolportierte »die Ösis können ja nur gut bergab fahren« – wohl entfallen wäre. »Es gibt keine bessere Schule, um zu lernen, dass Menschen überall gleich sind, die gleichen Träume, Ängste, Sorgen und Wünsche haben, als die Welt: Politische Systeme, Religionen und Regierungen sind eine Sache – aber die Menschen selbst die andere. Und du kannst nicht rund um die Welt fahren und dabei glauben, dass andere Kulturen und Religionen weniger Wert sind als deine eigene – denn dann gewinnst du nie den Respekt der Menschen, die du triffst. Wenn du das Fremde nicht respektierst, ihm nicht mit Demut und Bescheidenheit entgegentrittst, kannst du auch nicht erwarten, von den Menschen dort als gleichwertiger Partner akzeptiert zu werden. Und das ist kein Widerspruch dazu, seine Heimat auf die gleiche Art zu lieben, wie sie die ihre lieben – im Gegenteil: Das eine bedingt das andere sogar.«

Aber Sepp Resnik ist auch auf eine andere Art ein »echter« Österreicher: er verzweifelt an und in diesem Land, »würde aber nie aufhören es zu lieben. Trotzdem, Österreich ist ein bisserl mühsam: Vom Militär habe ich, obwohl ich immer für Österreich gestartet bin, bei meinen Triathlons und Weltumrundungen nie auch nur einen Urlaubstag für eines dieser Unternehmen geschenkt bekommen. Weder für das Training noch für die Fahrten selbst. Das ist zwar formal ein sehr korrekter Zugang, aber es zeigt schon auch, was Ideen und Abenteuer, die noch keiner zuvor angegangen ist, in Österreich für einen Stellenwert haben. Toll ist man in Österreich, wenn man es geschafft hat. Genauer: Wenn man es anderswo geschafft hat und dann wieder da ist. Dann ist man der Held und alle haben es ohnehin immer gewusst – aber wie man es schaffen soll, etwas zu schaffen, das fragt vorher kein Mensch – eher im Gegenteil, da wird verhindert und behindert.«

Heute, meint Resnik, hätte er es da vielleicht leichter. Man traue ihm mittlerweile so ziemlich alles zu. Oder sei zumindest davon überzeugt, dass er stur genug sei, seinen Willen durchzusetzen. »Aber das hat 30 Jahre gedauert. Vorher bist du mit deinen Träumen alleine. Immer wieder. Du musst in Österreich Resultate bringen, bevor irgendwer an dich glaubt. Aber dann ergibt sich alles von selbst – nur: Bis dahin musst du erst einmal überleben – und ich glaube, anderswo traut man sich da schon eher, über den Tellerrand zu sehen.« Darum ist Resnik sicher, dass »Österreich, wenn es um neue und andere Dinge geht, eines der konservativsten Länder ist, die es gibt.« Individualisten wie er wären da keineswegs der Gegenbeweis, sondern – ganz im Gegenteil – der Beweis dafür, dass Österreich im Entwickeln von Utopien ein Entwicklungsland ist. Und das schmerzt ihn. Nicht nur persönlich, sondern auch als Patrioten: »Individualisten sind das Salz dieser Gesellschaft, an die man sich – natürlich nur, wenn sie Erfolg haben – gerne anlehnt. Aber insgesamt pflegt man in Österreich einen großen Minderwertigkeitskomplex. Man sagt ›Wow, die Italiener gehen auf den Mount Everest.‹ Oder ›Super, die Deutschen haben so viel Selbstvertrauen‹ – aber wenn die Idee oder der Traum aus Österreich kommt, kann das ja alles nix sein. Prinzipiell.«

Ein bisserl neidisch, gibt Resnik zu, könne er da beim Blick über die Grenzen doch werden. Auch – und gerade – aus einer historischen Perspektive heraus: »Für mich war das Nonplusultra immer Großbritannien. Das waren die Pioniere. Überall. Die sind überall hingefahren und haben alles erforscht. Aber auch die Spanier oder die großen Seefahrer, die für Spaniens Krone losfuhren, Columbus oder Magellan: Die haben damals ja nicht einmal gewusst, ob sie nicht über den Rand der Erde kippen werden – und sind trotzdem losgefahren. Und sie haben Leute gehabt, die an sie geglaubt haben. Aber Österreich ist über die Maßen konservativ. Es ist das sicherste Land der Welt – nirgendwo ist man vor Neuem und Innovativem so gut beschützt wie hier.«

**Feinde**

Sepp Resnik sagt, er habe auf dieser Welt nur einen einzigen Feind: »Die Dummheit war immer mein allergrößter Feind. In allen Bereichen des Lebens. Alles, was durch menschliches Versagen nicht vorwärts geht, ist für mich schrecklich. Ich versuche immer, durch Innovationen und Kreativität den kürzesten Weg zu meinem Ziel zu gehen. Und alle, die das behindern, sind für mich einfach dumm – weil sie es nicht schaffen, über den Tellerrand ihrer eigenen kleinen Welt zu sehen.« Gerade weil er als – auch – Beamter weiß, wie beengend und normierend Bürokratie und Vorschriften wirken können, sei die Allmacht der Koalition der Faktoren »Hinsichtl« und »Rücksichtl« das, was Resnik zur Weißglut bringt: Nicht, dass man ihm ein »Das geht nicht« nicht an den Kopf werfen dürfte – aber wenn es den Resnik-Reflex (»Na dann zeige ich euch aber, dass das sehr wohl geht«) auslöst, sollte man sehr gut wissen, wieso das Unmögliche wirklich unmöglich ist. Allerdings hat Resnik mittlerweile selbst einen Satz mit dem Wort »unmöglich« in sein Vokabular aufgenommen: »Dummheit zu besiegen ist unmöglich. Gegen Dummheit kann man gar nichts tun. Man kann versuchen, sie zu vermeiden, ihr auszuweichen. Normale Menschen sagen, dass Menschenkenntnis da einem oft hilft – aber ich habe festgestellt, dass die mir etwas abgeht. Dass ich auf den ersten Blick jemandem vertraut habe – und da war dann von großartigen Erlebnissen bis zu Enttäuschungen und zu Verbrechern alles dabei. Bunt gemischt. Aber wenn es um Dummheit geht, um Blockierer und Verhinderer, dann muss ich passen: Dummheit ist unheilbar und unvermeidbar.«

Natürlich gibt es da aber immer auch die eigene Dummheit und die kann zu einem geradezu lebensbedrohlichen Feind werden. Allerdings legt Resnik Wert auf die Feststellung, dass Dummheit eben nur dann Dummheit ist, wenn man in seinem Irrtum verharrt. Wenn man sich also weigert, zu lernen. Und das, hofft der Ironman, solle ihm möglichst nicht – oder zumindest möglichst selten – passieren.

### Schmerzen

Im Sport, aber eigentlich nicht nur dort, hat die Natur ein recht praktisches Korrektiv zur Verhinderung von Dummheit und Selbstbeschädigung entwickelt: den Schmerz. Und auch Extremsportler wissen, dass das Hören auf und das richtige Interpretieren der Signale ihres Körpers zumindest über Erfolg oder Misserfolg ihrer Mission entscheiden kann. Wenn nicht gar über Leben und Tod. Der Haken an der Sache: das rechtzeitige Erkennen und Verstehen der Botschaft – und das Beherzigen der Nachricht. »Im Wettkampf ist Schmerz kein hilfreiches Gefühl. Aber wer sich in einen Dreifach-Triathlon wirft, der hat Schmerzen. Wer etwas anderes sagt, der lügt. Aber Schmerzen sind auch eine tolle Sache. Sie sind so etwas wie daheim die Sicherung im Elektrikkasten. Wenn du Dopingmittel nimmst oder Umgehungsmittel, die keine Schmerzen mehr zulassen, dann bist du auf dem falschen Weg. Bewahre deinem Körper seine natürliche Empfindungsfähigkeit, und du bist sicher unterwegs. Denn Schmerz verlangt Korrekturen. Je mehr Schmerzen du fühlst, umso höher ist die Chance, zu überleben. Schmerz ist an sich also etwas Gutes. Eine gute Einrichtung, um den Körper zu schützen.«

Klingt gut – aber auf der anderen Seite geht es im extremen Ausdauertraining eben nicht nur darum, die Leistungsfähigkeit zu steigern, sondern auch darum, die Grenzen auszuloten. Also herauszufinden, wo der Schmerz nicht bloß »Vorsicht«, sondern »höchste Gefahr« sagt: »Man muss auch eine gewisse Form von Leidensfähigkeit entwickeln. Damit man nicht bei jedem kleinen Zwicken aufgibt, absteigt oder Pause macht. Es ist also ein Wechselspiel aus Leidensfähigkeit und Vernunft. Das heißt, dass ich immer eine komplette Checkliste vom Scheitel bis zur Sohle durchgehe. Wie bei einem Flugzeug. Bevor der Körper alle Lampen auf Rot schaltet und die Ohnmacht immer näher kommt, muss man aus Respekt und Selbstschutz einstellen, abstellen und Ruhe geben. Und Präventivmaßnahmen setzen.«

Normalerweise ist es Aufgabe von Ärzten und Trainern, hier anzusetzen – bloß: Was tut einer, der von seinem Trainervater als »nicht trainierbar« eingestuft wird und der in seinen Pioniertagen auch die in Extremsportangelegenheiten damals noch unwissende Ärzteschaft davon überzeugen musste, dass er nicht komplett wahnsinnig ist? Richtig: Er lernt nach der Methode »Trial & Error« – und das geht nicht immer gut.



Ein Beispiel? Bevor Resnik 1987 das zweite Mal den

Das Rad, der Helm und die Brille: In Österreich war Resnik der Erste, der so antrat – um das Material musste er regelrecht kämpfen.

Teammitglied und Einzelkämpfer: Resnik mit Kameraden aus dem Heeressport.

Doppel-Triathlon in Alabama bestritt, trainierte er – für seine Verhältnisse – »ganz normal. Da war ein Fußballspiel im Fernsehen und ich habe meine Beine unter der Heizung eingehängt und die Zeit genutzt: 4000 Situps gehen sich in zweimal 45 Minuten aus. Das habe ich einmal mitgezählt.« Dass ihm die Bauchdecke am nächsten Tag weh tat, überraschte Resnik nicht: »Das kommt schon vor. Das brannte eben wie Feuer.« Und weil er dachte, dass er einen mittleren Muskelkater oder ein paar beleidigte Muskelfasern am Bauch mit sich herumtrage, stand der Offizier auf, ging den Morgenappell der Kompanie abnehmen – und brach vor der versammelten Truppe bewusstlos zusammen: Der Muskelkater war in Wirklichkeit ein Blinddarmdurchbruch – fünf Wochen vor dem Start zum (damals) extremsten Sportevent der Welt.

»Nach der Operation hat mir allein das Liegen wehgetan – aber ich wollte antreten.« Und knapp vor der Operation hatte Resnik seinen Operateur davon überzeugt, ihn nicht ganz zuzunähen. »Er hat die Wunde verschlossen und eine Drainage gelegt.« Die ersten zwei Tage hatte Resnik solche Schmerzen, dass er »nicht einmal einen Telefonhörer halten« konnte. Am dritten stand er auf – und begann zu gehen. Am vierten Tag wanderte er bereits 20 Kilometer durch die Umgebung von Feldbach. Mit einem auf den Rücken geklebten Beutel, in den die Drainage mündete, voll Eiter und Blut. Nach zwei Wochen trainierte Resnik wieder – fast – ganz normal. Und trat – selbstredend – in Alabama an. »Beim Bewerb waren die Schmerzen dann weg. Das habe ich so beschlossen: Ich habe diesen Schmerz ausgeblendet. Schon im Training. Aber ich habe auch gewusst, dass ich medizinisch kontrolliert werde.«

So draufgängerisch und unüberlegt beim ersten Erzählen ziemlich alles klingt, was Resnik je im Sport angegriffen hat, so wenig Wahnsinn bleibt beim genaueren Hinsehen dann davon noch übrig: »Dinge, bei denen die Konsequenz der Tod ist, mache ich nicht – auf Alarmsignale zu achten ist überlebensnotwendig. Vielleicht ist das Wort Schmerz ja auch falsch, vermutlich geht es eher um Leidensfähigkeit.

Man geht sehr bewusst mit dem Schmerz um und lernt, sehr bewusst damit zu arbeiten. Und eben Leidensfähigkeit zu entwickeln. Das wird verständlich, wenn man mit Radfahrern redet, die sagen, dass die Kilometerleistung weniger das Problem ist, als der Schmerz: Es tut ihnen einfach der Arsch weh. Und dann fragen sie mich, was sie dagegen tun sollen. Dann sage ich: Bitte, das ist schon euer persönliches Problem – denn wenn ich weiß, dass ich mehr als 300 Kilometer fahren werde, ist mir von vornherein klar, dass mir da weit mehr als nur der Arsch weh tun wird. Man spürt nicht da unten nichts mehr – aber durch Training und harte Arbeit erreicht man genau in diesem Bereich ein Level dessen, was man erträgt, das sich der Normale nicht vorstellen kann.«

**Unfälle und Gesundheitsrisken (Rauchen also)**

Heute geht Resnik weit vorsichtiger mit seinem Körper um als noch vor zehn Jahren. Das ist nicht ausschließlich eine Frage des Alters, sondern auch eine der Vorsicht: Seine Beine sind von einem dichten Geflecht von Narben überzogen – und als er sich einmal im Verlauf eines Gespräches an einem stinknormalen Gartensessel das Knie anstößt (natürlich genau dort, wo es weh tut) zuckt auch im Gesicht des vermeintlich »Stählernen« jener Schmerz auf, der auch jedem Normalsterblichen in der gleichen Situation den kalten Schweiß ausbrechen ließe. Aber in Resniks Gesicht war da noch etwas: Angst. Eine Spur nur, ganz hinten in seinen Augen – und sofort wieder verschwunden. Aber sie war da: Die Angst, dass durch eine kleine Ungeschicklichkeit etwas dauerhaft beschädigt oder zerstört werden könnte. Weil es eben meistens gar keine großen, dramatischen Szenen braucht, um Träume zu zerstören – im schlimmsten Fall genügt da schon die Kante eines Gartensessels, die man sich ungeschickt ins Knie rammt. »Aus genau diesem Grund spiele ich keine Benefiz-Fußballturniere mehr: Da muss nur einer einmal blöd hinsteigen – ganz unabsichtlich – und alles ist aus:

Dass ich überhaupt noch laufen kann, verdanke ich den Ärzten. Und ganz abgesehen davon, dass ich meine Beine noch brauche, verbietet es der Respekt vor ihrer Meisterleistung, dass ich da etwas aufs Spiel setze.«

Es geschah 2002. November. Nach einem anstrengenden Training ist Resnik auf der Heimfahrt. Auf dem Fahrrad, sagt er. Auf dem Motorrad, sagen die Zeitungsarchive. Egal: Der Mercedes, der da ein Stopp-Schild übersieht, ist in allen Berichten größer und schwerer als das, was Resnik der Karosserie entgegensetzen kann. Der Sportler wird vom Auto überrollt und bleibt unter dem Fahrzeug eingeklemmt. »Im ersten Moment kommst du dir vor wie ein Mechaniker, der die Auspuffanlage kontrolliert. Und dann fällt dir ein, dass der Mechaniker aber in einer Grube unterm Auto stehen würde – und du auf dem Asphalt liegst.« Der Schmerz kam erst später. Viel später. »Wie sie mich rausgeholt haben, habe ich mich angeschaut – und auch wenn ich vom Malen her weniger über Proportionen wüsste, hätte ich gesehen, dass da einiges nicht mehr stimmt.«

Die Beine sind verdreht, zerquetscht und zeigen in alle Richtungen. »Ich habe mir gedacht: Bis jetzt war das Leben so schön, ich brauche mich also nicht aufzuregen, wenn das jetzt vorbei ist – es ist halt so. Aber ich war trotzdem neugierig, was das Schicksal jetzt für mich bereithalten würde.«

Im Krankenhaus hört Resnik innerhalb einer Stunde von drei Ärzten drei Diagnosen. Von »Amputieren« über »Abwarten und dann entscheiden« bis zu »In drei Wochen ist das wieder gut« reicht das Spektrum – und da platzt dem Soldaten der Kragen: Er verlangt, sofort ins Heeresspital verlegt zu werden. Dort kümmern sich »Leute, die ich gekannt habe, denen ich bedingungslos vertraute« um die mehrfach gebrochenen Beine und die gerissenen Bänder und Sehnen. Ein paar Wochen danach beginnt Resnik wieder zu gehen. »Aber ich habe bis heute Rehab-Behandlungen – und ich weiß, dass man nicht oft so ein Glück und so gute Ärzte hat. Ich schulde es ihnen, nicht nur mir, diese Werkzeuge achtsam zu behandeln.«

Resnik sieht man selten ohne Pfeife. Trotzdem bezeichnet er sich als Nichtraucher: »Ich liebe den Tabak – aber meine Lunge ist mir einfach zu wertvoll. Das ist die Pumpe, die mich am laufen hält – das wäre grob fahrlässig, die Leistungsfähigkeit einzuschränken.«

**Und noch ein Werkzeug: Die richtige Ernährung**

Apropos Leistungsfähigkeit: Was und wie viel isst eigentlich einer, der um die Welt radelt? Zumindest der zweite Teil der Frage ist leicht beantwortet: so viel er kann. Und sich ausgeht. Denn ein täglicher Energieverbrauch von 18000 und mehr Kalorien ist bei Extrem- und Ausdauerevents keine Seltenheit. Das bedeutet also, dass Mehrfach-Triathleten und Ironmänner alle paar Stunden eine volle Mahlzeit runterdrücken sollten. Und die auch verbrennen – das Blöde ist halt, dass man dafür kaum Zeit hat: Schon ganz normale Marathonläufer wissen ein Lied davon zu singen, wie sich das anfühlt, wenn einem plötzlich die Kraft ausgeht – zum Glück gibt es ja Spezialfutter.

Bloß: Nur mit Riegeln kommt man nur schwer rund um die Welt. »Im Training kannst du als Ausdauersportler essen und trinken, was du willst, weil du alles verbrennst. Das ist großartig. Weil Essen eine wundervolle und sehr feine Sache ist. Aber im Wettkampf reicht das normale Essen einfach nicht aus. Man muss gezielt die richtige Energie so rasch und direkt wie möglich ins Blut bekommen. Das geht nicht ohne Arzt. Infusionen, Komapatientenernährung und solche Dinge tauchen dann plötzlich in deinem Leben auf. Da ist man bald in einem sehr gefährlichen Feld. Und außerdem: Stell dir mal den logistischen Aufwand vor, wenn du in Pakistan oder sonst wo in der Wüste an den Tropf gehängt werden sollst – ich kann mir schlicht und einfach keinen Arzt leisten, den ich auf solche Reisen mitnehme. Also muss das anders gehen.«

»Anders« heißt in dem Fall ausgiebige Mengen an Sportler- und Astronautennahrung. Dazu kommen dann noch so viele körpereigene Reserven wie möglich (aber mit Bergen von Fett kann man auch nicht gut durch die Welt radeln) und der Versuch, mit lokalem Essen jenen »steady state« möglichst nicht zu verlassen, der die eigene Leistungsfähigkeit nicht gefährdet. »In Pakistan gibt es halt vor allem Reis. Und da muss man eben schauen, wie sich das ausgeht. Es gibt ja Leute, die sagen mir, dass die 300 Kilometer pro Tag eine nicht all zu große Distanz sind. Das mag für eine oder zwei Wochen bei gewohnter Kost und der Garantie auf gute Betreuung und gutes Wasser – das vor allem – ja auch gelten. Aber schaffe ich das auch auf einem Bergpass in Pakistan? Deswegen habe ich mir ja eine Kilometeranzahl gewählt, die ich immer und überall bringen kann. Egal ob heiß oder kalt, Sturm oder Sonne. Diese Leistung kann ich halten, wenn ich drei oder vier Mal am Tag esse. Ich muss mir da keinen Druck machen, muss nicht stressen – mich überholt ja keiner, mich drängt keiner. Wenn ich krank werde oder im schlimmsten Fall tot zusammenbreche, gewinnt ja kein anderer, das nutzt also keinem.«

**Doping**

Dort, wo das Wort »einschränken« steht, fällt im Sport auch sehr schnell der Begriff »leistungssteigernd«. Aber Doping, betont der Weltumrunder, sei nie eine Option gewesen. Schmerzstillende Mittel hätten nur sein »Alarmsystem« außer Gefecht gesetzt (siehe das Kapitel »Schmerzen«) – und alles, was Leistungen steigere, sei in den Bewerben, die er bestreite, nicht möglich, weil Doping längst eine Wissenschaft sei, die die Leistung eines Athleten punktgenau zum Zeitpunkt des Wettkampfes auf einen Spitzenwert »boosten« soll. »Ein 60-Tage-Bewerb dauert da einfach zu lange.«

Und dann geht Resnik ins Detail: »Es ist ja naiv zu glauben, dass die Ärzte mit Blutkonserven oder Mittelchen erst bei Rennen auffahren – da wird man über die ganze Trainingsperiode vorbereitet – und zwar so, dass die Substanzen am Tag des Rennens nicht mehr nachweisbar sind. Das ist eine sehr präzise Wissenschaft, Sauerstoff und leistungstragende Substanzen übers Jahr punktgenau für diesen Tag in den Körper zu bringen.«

Der Vergleich zwischen Mensch und Auto liegt dem Sportler da auf der Zunge: Ein Formel-1-Motor etwa ist in der Lage, für ein paar Stunden unheimliche Leistung zu bringen – aber beim 24-Stunden-Rennen von Le Mans würde der Motor nicht durchhalten. »Das ist beim Menschen ähnlich: Er ermüdet, geht über die Grenze, schreit auf – und wenn keiner zuhört, bist du zuletzt schlimmstenfalls einfach tot. Das warnende Beispiel war da für mich der Tod von Tom Simpson 1967 bei der Tour de France: Der Mann war eigentlich schon tot – aber seine Beine haben noch weiter getreten. Der ist einfach umgefallen. Dieses Bild hat sich bei mir eingeprägt: So möchte ich nicht sterben.«

Ob aber nicht gerade die Tour ein schlechtes Beispiel sei? Schließlich ist die Frankreichrundfahrt ja alles andere als ein Event, der – etwa wie Gewichtheben – innerhalb weniger Tage und in wenigen Augenblicken erledigt sei: Profi-Radrennfahrer sind Ausdauersportler. Für sie gilt längst so etwas wie ein »Generalverdacht« – und Resnik sitzt schließlich auch auf dem Rad. »Es gibt da aber einen riesigen Unterschied zwischen der Tour und einem Dreifachtriathlon oder einer Weltumfahrung: Die Tour ist ein sehr langer und anstrengender Wettbewerb – aber der Athlet hat die Nacht zur Regeneration und für die Betreuung. Und die Belastung dauert pro Tag maximal sechs Stunden – ansonsten ist da jede Hilfe und jede Unterstützung möglich. All diese Leute aus der zweiten und dritten Reihe, die da mit Ampullen und Blutproben erwischt werden – wo und wann sollen die denn bei Veranstaltungen wie einem Zehnfachtriathlon die Zeit hernehmen, um die Substanzen zu verabreichen? Die Mannschaftsräume dürften bei Radrennen ja wirklich wie Krankenhäuser aussehen – aber wenn der Athlet keine Pause hat, um die

Substanzen zu verarbeiten, geht das nicht ganz so leicht. Und dann braucht man Profis, um das zu dosieren und richtig zu verabreichen.

Meine medizinischen Probleme liegen ganz wo anders: Das Trinkwasser in Indien haut mir regelmäßig die Verdauung und das Immunsystem zusammen. Da brauche ich über Doping nicht einmal nachzudenken. Und da soll ich dann noch etwas dazu nehmen? Ich weiß heute noch nicht, was ich in Afrika machen werde: Sicher, ich muss mich auch sehr genau und unter ärztlicher Obhut vorbereiten lassen – aber da geht es um Impfungen und Medikamente gegen Malaria und andere Krankheiten.«

## Grenzen

Sepp Resnik ist ein Träumer, aber kein Fantast. Er weiß ganz genau, was er sich zumuten kann – und wo er abwinkt: 65 Tage auf dem Rad waren für ihn kein Problem. Er fuhr 300, manchmal auch 400 Kilometer am Tag. »Das hatte ich im Griff. Aber es gibt Grenzen: Es gibt Leute, die sind beim Race Across America in einer Nacht 700 oder 900 Kilometer quer durch Amerika gefahren. Das geht – aber eben nur ein oder zwei Mal hintereinander – doch alles, was über einen Monat geht, wird zu deinem Leben: Dein Körper gewöhnt sich so daran, dass er es für normal hält. Und da gibt es eine ganz natürliche Grenze. Irgendwo ist es vorbei, da kannst du nicht mehr sagen: Ein bisserl was geht schon noch. Da sagt nämlich der Organismus dann: Aus.«

Obwohl er sich als Radfahrer fallweise größere Tagesetappen zutraut, will er bei der Planung seiner nächsten Tour, 100 000 Kilometer in einem Jahr, nicht über 300 Tageskilometer gehen: »Das schaffe ich – wenn ich Glück habe und nicht krank werde. Aber wenn du sagst, ›dann fahr doch gleich 500 Kilometer‹, sage ich: Egal wie viel Geld du herlegst, das kann ich nicht. Tut mir Leid. Das ist so wie wenn du sagst: ›Einmal Mars und zurück.‹« Obwohl Resnik da dann doch der Schalk im Nacken sitzt: »Aber wenn du dann reduzierst und sagst: ›Einmal Mond und zurück‹, würde ich es mir noch einmal überlegen.«

**Niederlagen**

Resnik hat noch nie verloren. Sagt Sepp Resnik. Aber das hat natürlich auch viel mit der Resnik'schen Art zu denken, zu leben, sich zu motivieren und dann darüber zu sprechen, zu tun. »Ich habe nie verloren, sondern immer etwas dazugelernt«, erklärte er schon vor Jahren in Interviews, wenn er über seine Jagdkommando-Ausbildung beim Bundesheer im Allgemeinen und sein Nahkampftraining im Besonderen sprach: Damals noch eher klein und schmächtig, zog Resnik oft genug den Kürzeren – und betrachtete das dennoch nie als Niederlage: »Ich konnte die Stärken meiner Gegner ausloten. Auf schmerzhafte Weise zwar, aber doch sehr genau. Dadurch lernte ich auch ihre Schwächen kennen. Und wenn ich meine Gegner ausreichend studiert hatte, dann habe ich sie besiegt. Alle.« Was andere also durchaus eine »Niederlage« genannt hätten, war – und ist – für Sepp Resnik eine Lektion. Erst recht, seit er seinen Gegner, Widersacher und Herausforderer dann nur noch in sich selbst suchte: »Wenn etwas nicht funktioniert hat oder ich es nicht so geschafft habe, wie ich es mir vorgenommen hatte, habe ich es nur um so vehementer probiert.« Wieder und wieder. Und außerdem: »Sportlich habe ich alles erreicht, was ich je erreichen wollte: Ich bin auf zahllosen Siegerstockerln gestanden und bin immer noch Sportoffizier. Und das Allerwichtigste: Ich bin immer wieder aufgestanden. Deswegen gab es nie eine Niederlage.«

Und auch dass er in Interviews und Presseartikeln nach seinen ersten beiden Weltumradelungen ankündigte, die nächste Runde zu Fuß antreten zu wollen, sei – angesichts des nie umgesetzten Vorhabens – nicht als Niederlage zu werten: »Der Plan war da – aber dann ist mir 2002 dieser Mercedes über die Beine gefahren. Es gab Ärzte, die davon ausgingen, dass ich nie wieder auf meinen eigenen Füßen stehen würde. Aber sie haben mich trotzdem so wiederhergestellt, dass ich noch einmal um Welt gekommen bin: auf dem Rad und nicht als Läufer. Aber allein, dass das wieder ging, war einer der größten Siege überhaupt.«

**Materialentwicklung und Trends**

Wenn sich Sepp Resnik ansieht, womit er 1984 bei seinem ersten Ironman in Hawaii an den Start ging, muss er lächeln: Der Eishockey-Helm, den er da beim Radfahren aufsetzte, weil es Vorschrift war, einen Helm zu tragen, wäre heute in Hawaii vermutlich ebenso eine Sensation, wie es die aerodynamischen Helme mancher Fahrer damals für ihn waren. Zurück in Österreich wollte er auch so ein tropfenförmiges Ding haben: »Aber Carrera hat nur für Highspeed-Abfahrtsskifahrer tropfenförmige Helme gebaut. Ich bin hingegangen und habe gesagt, sie sollen mir so einen Helm basteln – aber eben einen, der für sommerliche Temperaturen funktioniert. Weil ich laut Ironman-Reglement einen Helm tragen muss – und es in keinem einzigen Sportgeschäft in Österreich einen Radhelm gäbe. Also einen richtigen Helm – nicht so ein antikes Lederdings.« Resnik wurde – wie so oft – mit großen Augen angesehen. Dann fragten die Techniker den Sportler, wie das Ding denn aussehen solle. Radhelme waren damals ein paar gepolsterte Lederstreifen – Skihelme aber quasi unbelüftet und hielten warm. Wie man in so einem Helm Hunderte Kilometer unter sengender Sonne auf einem Rad fahren sollte, konnten sich die alpinen Helmmacher nicht so recht vorstellen. »Ich habe gesagt: Das ist mir doch völlig wurscht, ihr seid die Helmbauer. Sie haben dann etwas gebastelt, das gar nicht schlecht ausgeschaut hat. Einen tropfenförmigen Helm eben. Das war der allererste Radhelm, den Carrera gebaut hat – und sie haben mir gesagt, dass sie nie wieder so etwas bauen würden, weil kein Mensch einen Radhelm braucht. Egal, ob tropfen- oder sonstwieförmig. Na ja, schau dir heute die Zeitfahrer an.

Oder jedes beliebige Radrennen. Man sieht deutlich: Kein Mensch trägt einen Radhelm.«

Ähnliches erlebt Resnik, als er in Österreich jene Brille vorlegt, die er sich in Hawaii gekauft hatte: Eine Oakley, die eng am Gesicht anlag und die Augen auch seitlich schützte. In den USA waren Brillen bei Läufern und Radfahrern damals längst Norm. »Ich habe die Oakley-Prospekte den österreichischen Sportbrillenmachern gebracht. Aber die haben mir gesagt: ›Herr Resnik, wir machen nur Sonnenbrillen – und für Sie ausnahmsweise so eine Brille.‹ Ich wurde verlacht und das Konzept abgelehnt – dabei ist das nix anderes gewesen als das, was heute ›Sportbrille‹ heißt und millionenfacher Standard ist.« Aber in den 80er Jahren waren die Fachleute in Europa eben noch auf einem anderen Trip als jene in den USA. In der alten Welt wusste man: Niemals wird irgendjemand mit Brille rennen. Oder Rad fahren. Wozu, wurde Resnik gefragt, sollte das denn gut sein? Erst Ende der 80er Jahre, als immer mehr Europäer Triathlon zu laufen begannen und auch Normalsportler mit Fotos von coolen Sportbrillen in den Shops auftauchten, begann ein Umdenken.

Am meisten ärgert Sepp Resnik aber, dass man ihn – nach den ersten Erfahrungen von Hawaii – auch in Österreichs damals traditionsreichster Fahrradschmiede, bei Puch (damals: »SteyrDaimlerPuch«) auslachte, als er mit Bildern der ersten Mountainbikes daherkam: »Die haben sich die Bäuche gehalten vor Lachen und alle Prospekte in den Mistkübel geworfen. Und gesagt: ›Glauben Sie im Ernst, dass so ein komisches Rad in Europa jemals auch nur ein Radfahrer freiwillig fahren wird?‹ Naja, das wären Megadeals gewesen. Man wäre fünf oder sechs Jahre voraus gewesen – in den USA hat ein Jahr nach meinem zweiten Hawaii-Start jeder so was gehabt.«

Aber es ist nicht bloß der Gedanke an mutwillig verspielte Wirtschaftschancen, den Resnik heute noch als »skurril« beklagt: Gemäß dem Reglement des österreichischen Radsportverbandes musste er in 1984 in Hawaii mit einer schwarzen Hose und weißen Socken an den Start gehen. »Weil ich mich sonst auf Lebenszeit für den Radsport disqualifiziert hätte. Das Reglement hatte natürlich ausschließlich fachliche Gründe.« Aber das Reglement war nicht nur skurril, sondern auch ein Wettbewerbsnachteil: »Ich habe damals schon Leute gesehen, die Einteiler anhatten, mit Nationalflaggen und Sponsoren drauf. Ich glaube fast, ich war der Einzige, der da mit einer altmodischen schwarzen Hose angetreten ist. Und natürlich haben sie alle keine Socken getragen, weil es dort wahnsinnig heiß ist.« Resnik startete so, wie es sich gehörte und hat das sogar auf seiner allerersten Autogrammkarte dokumentiert: Streng genommen verstieß er dennoch gegen das Rad-Reglement des Alpenlandes: »Ich habe vom Verband ein wollenes Radtrikot mitbekommen – ein wollenes, wohl gemerkt, nicht einfach Baumwolle: Wolle. Das habe ich gegen ein Lauftrikot getauscht. Aber das durfte in Österreich keiner wissen.«

Freilich war es nicht allein Österreich, das erst lernen musste, mit den Bedürfnissen einer neuen Sorte von Athleten umzugehen: Neoprenanzüge etwa gab es Mitte der 80er Jahre einfach nicht. Jedenfalls keine so dünnen, dass man darin hätte schwimmen können: Die Triathleten rieben sich deshalb mit Fett ein, so dick es ging. Aber es gab eben noch keine Bewerbe, bei denen man sieben, zehn oder mehr Kilometer am Stück zu schwimmen hatte. Und man schwamm im Sommer. Bis zum ersten Dreifach-Triathlon in Grenoble: »Wir sind beim ersten Mal in einem Sportbecken im Freien geschwommen. Das war im April, da war das Wetter doch relevant. Ich habe mir da so etwas Ähnliches wie einen Neoprenanzug gemacht: Das war der Taucheranzug ohne Beine und Ärmel – das hat mir aber nichts gebracht, weil der am Hals ziemlich eng war. Das war eher eine Behinderung. Das heißt, ich habe dann beim zweiten Mal einfach die Schwimmhose genommen. Heute kann man über solche Dinge nur lachen.«

**Training**

»Mein Training war immer unmenschlich: Mein Trainer hat den Plan geschrieben – und ich habe mir immer gedacht: Ein Drittel mehr, aber ich sage es ihm nicht.« Resnik ging es nie darum, die Erwartungen anderer zu erfüllen, sondern die, die er in sich setzte, zu übertreffen: »Ich, nicht der Trainer, war mein Drill-Sergeant, mein Schleifer. Ich wusste am Anfang aber nicht, wie ich mich drillen und schleifen sollte, dazu habe ich den Hans Schackl, meinen ersten Trainer, gebraucht.« Schackl erkannte rasch, dass einer wie Resnik von keinem Trainer der Welt gebändigt oder gelenkt werden könne – und »nach Alabama hat er mir gesagt, dass ich jetzt mehr wisse als er.«

Resnik hat nie eine klassische Trainerausbildung genossen, hat aber dennoch andere Menschen zu individuellen sportlichen Höchstleitungen gebracht, wie etwa jene – mittlerweile legendären – bereits erwähnten Beamten der steirischen Landesregierung, die er für den New-York-Marathon 1987 fit machte. »Das letzte Mal waren die in der Schule gelaufen.«

Wieso das wichtig ist? Weil es zeigt, dass auch ein Sepp Resnik nie auf die Idee käme, zu behaupten, dass seine Art zu trainieren jeden zum Ziel führen würde. Das klingt vielleicht banal, ist in der Praxis aber noch längst nicht so klar: Etliche Leistungssportler und Laufgurus verdienen Millionen mit Trainingsanleitungen, die sie in Buchform Menschen ans Herz legen, die sie noch nicht einmal aus der Ferne gesehen haben. »Jeder Mensch braucht seinen eigenen Plan. Es gibt keine pauschalen Trainingspläne. Ich habe das – ohne zu wissen, warum – schon früher sehr komisch gefunden, wenn etwa Fußballmannschaften geschlossen ihre Runden gelaufen sind. Das ist jetzt zwar nicht mehr der Fall, aber früher war es so. Wie soll man sich als Stürmer steigern, wenn man gleich schnell läuft wie der Tormann? Oder – wie es in den Unilehrbüchern doziert wurde – wenn der Trainer ganz vorne lief? Der Trainer ist meistens zwischen 50 und 60 – aber gut, mittlerweile fahren die mit dem Rad neben der Truppe her.«

Auch bei technischem Firlefanz rät Resnik zu Skepsis. Oder gesundem Menschenverstand: An Pulsmesser glaubt er nur sehr bedingt: »Ich brauche die nicht. Man muss wieder lernen, sich selbst zu spüren. Man muss in sich hineinhören – und dazu gehört es auch, zu spüren, wie das Herz schlägt. Das Obskurste für mich sind Pulsgeräte, die bei einer Überbelastung einen lauten Signalton abgeben: Das Lustigste sind Marathonveranstaltungen, wo du glaubst, dass ganze Lieder gepiept werden. Die Pulsgeräte drehen durch, weil all diese Hobbysportler da weit über ihr Level gehen.« Das Problem, darin ist sich der Sportler mit den meisten Sportmedizinern einig, ist nicht der Pulsmesser oder der Piepton, sondern der Einsatz der Technik: Anstatt sich einmal einen guten Check bei einem Sportarzt, eine gute Trainerberatung und dann eventuell eine billige Pulsuhr zu leisten, geben viele Hobbysportler Unsummen für Schnickschnack aus – und stellen ihre maximale zulässige Pulsfrequenz dann anhand standardisierter Tabellen ein. »Das ist Blödsinn. Himmelschreiender Blödsinn.«

**Schlaf**

Wie Sepp Resnik zu trainieren dürfte für die meisten Menschen aber ohnehin aus einem ganz anderen Grund undenkbar sein: Die meisten Menschen schlafen, Resnik nicht. Und da geht es nicht um die Frage, ob man vier, sechs oder acht Stunden Schlaf pro 24-Stunden-Tag als »zu wenig« empfindet: Sepp Resnik schläft tatsächlich nicht. Oder kaum. »Ich schlafe nur dann, wenn ich wirklich keine andere Alternative habe.« Also wenn er ein Buch fertig gelesen oder ein Bild fertig gemalt hat. Oder wenn es gar kein Programm mehr gibt – weder im Fernsehen noch in der Stadt. »Dann lege ich mich auch nieder – aber in Wirklichkeit brauche ich keinen Schlaf: Pyjama, Bett und so, das ist nichts für mich. Ich nicke in einem Sessel für eine halbe Stunde ein – und stehe dann so auf wie andere, die eine ganze Nacht durchgeschlafen haben.«

Sepp Resnik behauptet, dass sein Tag 23 Stunden Aktivzeit hat – und dass das gar nichts Besonderes sei. Weil Menschen in Kriegszeiten oder in anderen Extremsituationen schließlich auch das Schlafen verlernt hätten. Es sei also nur eine bequeme Angewohnheit, ein Drittel seiner Zeit zu verschlafen.

Freilich war der Ironman nicht immer Tag und Nacht aktiv: Als er auf der Militärakademie für seine Matura lernte und gleichzeitig trainierte, da »bin ich immer sogar in den Unterrichtspausen immer wieder eingeschlafen, weil ich so müde war. Und als Kind habe ich unheimlich gerne geschlafen. Ich habe wundervolle Träume gehabt.«

Aber als sich Resnik dazu entschlossen hatte, den Ultimo zu bestreiten, »musste ich mir den Schlaf abtrainieren, sonst hätte ich die Fahrt in der vorgegebenen Zeit nie geschafft. Ich wusste, dass ich die Nacht würde inkludieren müssen – und habe mir überlegt, wo und wie ich das Wachbleiben trainieren könnte.«

Die Lösung fand der Extremsportler in der Person von Reinhard Gerer. Gerer ist weder Sportler noch Soldat, sondern Koch. Seit den späten 80er Jahren kocht er – mit einigen Hauben gekrönt – im »Corso«, dem Restaurant im noblen Wiener Hotel Bristol. Und Gerer war – wie viele Köche – bekannt dafür, nicht vor Sonnenaufgang schlafen zu gehen.

Der Haubenkoch nahm sich des Problems an: Resnik dinierte jeden Tag nach dem Training im Bristol. »Ich bin mit dem Rad ins Hotel gefahren, habe mich hingesetzt und das so genannte ›Ultimo Menü‹ bekommen. Mein Tisch war für 30 Nächte reserviert. Einmal ist sogar der Bundeskanzler, der Franz Vranitzky, am Nebentisch gesessen und hat gefragt, wieso da einer im Raddress sitzt. Und der Gerer hat ihm erklärt, dass ich ›Aufbleiben‹ trainiere.« Wenn Gerer das Corso dann gegen zwei oder drei Uhr früh zusperrte, zog er mit Resnik noch durch die Stadt. Wenn Resnik einzunicken drohte, wechselte Gerer laut Abmachung mit ihm das Lokal – bis sechs Uhr morgens. Dann ging Gerer nach Hause und Resnik trat seinen Dienst in der Kaserne an. »Seither kann ich das.«

Aber Sehnsucht nach Schlaf und Träumen sind deshalb für Sepp Resniks die größte Gefahr. »Ich fürchte mich vor dem Augenblick, in dem mir der Schlaf wieder Spaß zu machen beginnt. Ich hoffe, dass das erst nach der 100 000-Kilometer-Reise sein wird. Wenn mich der Schlaf früher wieder findet, kann ich nicht mehr um die Welt fahren – weil ich dann ja schlafen muss. Aber wenn es einmal soweit ist, weiß ich, was ich tue: Ich kaufe ich mir ein wundervolles Bett mit Heublumen und allem – und zelebriere den Schlaf.«

**Feedback**

Resnik ist zwar kein Einzelgänger, aber doch ein Einzeltäter. Die Ausbildung in der Sondereinheit des Heeres hat ihn außerdem gelehrt, dass kleine Kommandostrukturen oft effizienter sind als große Truppenteile. Zumindest dann, wenn man Einsatzziele erreichen und nicht ganze Länder besetzen will. Und deshalb – aber auch aus Kostengründen – ist der Ironman kaum je mit mehr als vier oder fünf Begleitern unterwegs. Außerdem hat er eines gelernt: Vor einem Unternehmen kann man gar nicht genug Informationen sammeln, aber unterwegs muss man sich dann auf das Wesentliche beschränken. Und in seinem Fall heißt das: Routen-, Wetter- und Materialkunde, medizinische und logistische Checks und Updates – und die regelmäßige Übermittlung der aktuellen Daten und Fahrtberichte nach Hause, ein paar Interviews am Telefon via Skype oder über Korrespondenten vor Ort – aber keine Diskussion über die Rezeption seiner Fahrt in der Welt da draußen oder daheim: »Ich schlage unterwegs keine Zeitungen auf, in denen meine Leistung bewertet wird. Oder gar gerügt. Die Struktur und das Funktionieren von Medien manipuliert Athleten ja ohne Ende. Jeder Fußballspieler kennt das: Vor einem Ländermatch könnte man ohne gezielte Betreuung oder Abschirmung oft gar nicht mehr ans Spielen denken. Da ist man ohnehin schon so nervös genug. Manchen wird richtig schlecht vor einem Match, weil alles revoltiert – und wenn man sich dann auch noch vorher oder in der Pause irritieren lässt, braucht man gar nimmer aufs Spielfeld zu gehen. Das ist bei mir genauso: Ich lebe den Sport, wenn ich ihn betreibe – und die Reaktionen darauf haben mich gelehrt, das auch nach den Rennen so zu sehen. Was ich tue, das tue ich für mich. Nur für mich. Ich bin niemandem, der nicht dabei war, Rechenschaft schuldig.«

Dass das ein wenig gekränkt, vielleicht sogar patzig klingt, kommt nicht von ungefähr. Als Abenteurer, erfuhr Resnik immer wieder, ist man auch ein Katalysator für die Träume und Wunschvorstellungen des Publikums. »Die Leute sind manchmal komisch. Du bist um die Welt geradelt und kommst irgendwohin – und sie erzählen dir, wie das ist, wenn man um die Welt radelt. Ich habe aufgegeben, darauf zu achten oder Wert zu legen, was die meisten Leute über mich oder meine Unternehmungen sagen. Die Aufarbeitung dessen, was sie sagen und dessen, was sie gar nicht wissen wollen, würde so viel Zeit beanspruchen, dass ich nicht mehr an meine eigenen Dinge denken könnte.«

Dabei ist Sepp Resnik nicht gerade einer, der anderen nicht gerne erzählt, was er erlebt hat. »Das Komische daran ist, dass mir solche Leute dann auch nie Fragen stellen. Die Menschen erklären dir, wer du bist und wie und warum du so bist, ohne dich zu kennen oder zu fragen. Das ist etwas sehr Österreichisches. Man hat mir ständig erzählt, was ich erlebt oder nicht erlebt habe – ich habe dann aufgegeben. Es ist eben das Bedürfnis, dabei zu sein. Den eigenen Senf dazu zu geben.«

Resnik findet aber Trost, wenn er sich an einem beliebigen Wochenende auf einen beliebigen Fußballplatz begibt: »Jeder Zuschauer weiß mehr und besser Bescheid als Spieler und Trainer – nur selber spielen kann oder will keiner.«

**Glaubwürdigkeit**

Aber der wahre Hintergrund dieser Abschottung vor dem, was man über ihn sagt, ist auch der Generalverdacht, dem sich der Ironman seit jeher ausgesetzt sieht: Aus der kollektiven Annahme »das ist unmöglich« wird meistens – wenn einer es getan hat – ein »das glaube ich dir nicht, beweise es«. Und mit dem Beweisen tut sich einer, der wie Resnik nie dokumentiert und archiviert hat, dann etwas schwer. Zum einen, weil das, was er tut, nicht nur die Grenzen dessen sprengt, was sich die meisten Menschen vorstellen können, sondern auch noch nicht von Hundertschaften geleistet wird. Auch die 42,2 Kilometer eines regulären Marathons wären für jede durchschnittliche Stammtischrunde unmöglich zu schaffen – dennoch glaubt man der Kellnerin des Lokals, dass sie die ganze Distanz gelaufen ist. Einfach, weil es mittlerweile Allgemeinwissen ist, dass es geht. Aber noch vor 40 Jahren gingen auch Sportfunktionäre und Mediziner davon aus, dass Frauen überhaupt nicht fähig wären, diese Distanz zu bewältigen. 1966 lief dann Roberta Gibb, ohne sich angemeldet zu haben, den Boston-Marathon – und als sich im Jahr darauf (ebenfalls in Boston) Katherine Switzer als »geschlechtslose« K. Switzer anmeldete, versuchten Rennkommissare und Streckenposten, sie mit Gewalt aus dem Pulk zu holen. Weil eben nicht sein kann, was nicht sein darf.

Heute nennt man derlei »historische Anekdoten« – aber Resnik erlebt ein durchaus ähnliches Phänomen regelmäßig am eigenen Leib: »Die Leute glauben, dass die Welt ein Kugel ist, obwohl sie nie rundherum gefahren sind – aber wenn einer sagt, er tut genau das, glauben sie ihm nicht. Der Schelm lebt so, wie er denkt. Und behauptet dann, das sei alles erlogen.«

Die ungläubigen Nicht-Sportler, die ihm direkt ins Gesicht sagen, dass sie ihm nicht glauben, sind Resnik aber allemal lieber als all jene, die hinter seinem Rücken Gerüchte ausstreuen, dass der erste österreichische Hawaii-Absolvent der Baron Münchhausen des Extremsportes sei. Und es sind durchaus Experten, Profi-Sportler und Sportjournalisten, die da – weil man es eben hunderttausend Mal gehört hat und Resnik nie einen Notar mit auf der Reise hatte – in den Chor der Resnik-Anzweifler (um es höflich zu formulieren) einstimmen. Und wie das bei der schlechten Nachrede so üblich ist, sagt kaum einer offen, dass er Resnik nicht glaubt – stattdessen weicht man ihm eben aus. Und gibt weiter, was man gehört hat.

Sepp Resnik hat sich mittlerweile daran gewöhnt. Sagt er jedenfalls. »Wenn die erste Frage lautet: ›Wie lange sind Sie eigentlich im Auto gesessen?‹, schalte ich heute einfach ab. Ich bin nicht im Auto gesessen. Warum auch? Wenn ich mit dem Auto um die Welt fahren will, dann fahre ich mit dem Auto. Oder mit dem Zug. Und wenn ich mit dem Rad fahren will, nehme ich das Rad. Ich könnte im nächsten Sommer natürlich auch einen 100 000-Kilometer-Test mit einem Peugeot machen. Aber das ist nicht das, was mich interessiert. Früher hat mich dieser Münchhausen-Vorwurf berührt, mitgenommen und sogar physisch, also richtig körperlich, belastet. Da denkst du in der Nacht darüber nach, warum und wieso und was du dagegen tun sollst, wenn Leute so etwas gesagt haben. Aber ich tue das nicht, um die anderen zu beeindrucken, sondern aus einem ganz einfachen Grund: Weil es schön ist. Weil es einfach wunderschön ist, seine Träume zu verwirklichen. Aber das ist vermutlich am allerschwierigsten zu erklären.«

### Der Münchhausen-Effekt

Freilich macht es Resnik allen, die ihm nicht glauben wollen, auch ziemlich leicht: Er dokumentiert nicht. Und er bringt dann in der Erzählung Daten durcheinander, verwechselt – wenn er sie überhaupt parat hat – Jahreszahlen, ordnet aber auch Einzelerlebnisse, Vorkommnisse und Anekdoten mitunter dem »falschen« Bewerb zu – und denkt sich auch nichts dabei, wenn er innerhalb einer halben Stunde dreimal eine andere Endplatzierung bei seinem ersten Ironman, 1984 in Hawaii, nennt: 174., 175. und 172. Platz (174 ist richtig).

Während der Interviewsession über Hawaii I – und auf die Nachfrage, ob das nicht ein bisserl ungenau sei, kam der Konter, dass »das doch eigentlich völlig egal sei.« Aus seiner Perspektive, angesichts eines Starterfeldes von über 1000 Teilnehmern und mit jener Latte an sportlichen Erlebnissen im Lebenslauf, die Resnik vorweisen kann, klingt das ja logisch – aber in einer Welt, die Wert, Leistung und Glaubwürdigkeit ausschließlich an unwiderlegbaren und nachprüfbaren Parametern – Zahlen eben – misst, ist eine solche Ungenauigkeit ein Schuss ins Knie. Noch dazu, wenn man – so wie Resnik– nie chronologisch, sondern immer assoziativ erzählt: Er erzählt von den steirischen Beamten, die er zur Marathonreife trainiert hat und mit denen er den New-York-Marathon gelaufen ist – aber die Zwischenfrage nach dem Datum (1. November 1987) hört er schon nicht mehr, weil ihn das Landesflagge tragen in New York nahtlos zur Schilderung des Friedensfackellaufs in der Steiermark anregt, bei dem er die Flamme statt vier eben 80, 90 – oder doch 102? – Kilometer getragen hat. Und wenn man nicht genau aufpasst, ist die den Friedenslauf begleitende Gendarmeriekompanie in der Erzählung irgendwo zwischen Graz, Huntsville/Alabama und dem Big Apple unterwegs. Außerdem erinnert der Friedenslauf – Datum vergessen, aber es war Sommer und schön – den Ironman an seine Trainingsradfahrt nach Rom. Und so weiter: Dass Zuhörer, denen die Idee, mit dem Rad nach Rom zu fahren, an sich schon nicht ganz geheuer klingt, bei der Präzisierung »das dauert drei Tage« im Kopf auf »Hochstapler-Alarm« schalten und dann bei »das war ein Materialtest und Training und der Papst ist ein klasser Bursch – ich hab da übrigens ein Foto von ihm und mir, das der Ratzinger gemacht hat«, beschließen, Resnik für einen Spinner zu halten, ist nicht weiter verwunderlich. Das Foto mit dem Heiligen Vater hat Resnik nämlich nur in Ausnahmefällen in der Tasche – stattdessen ist er beim Erzählen dann schon bei der nächsten unglaublichen, undokumentierten, undatierten und unüberprüfbaren Geschichte. Geschichten, die jede für sich für ein Durchschnittspublikum schon nach einem Abenteuer klingen, von dem allein man doch den Rest seines Lebens zehren (und erzählen) könnte.

Eines, von dem man nie im Leben vergäße, wann und wo es stattgefunden hat. Sepp Resnik ist aber eben Sepp Resnik – und zu seiner Persönlichkeitsstruktur gehört es, sich nicht vorstellen zu können, dass die Glaubwürdigkeit eines Menschen wirklich an seinem Jahreszahlen-Gedächtnis hängen könnte.

Außerdem ist da noch ein Aspekt: Vieles von dem, was Resnik tut, ist schlicht unüberprüfbar: Ein Stadionbewerb – aber auch ein Vielfach-Ironman mit etlichen Teilnehmern – findet in einem kontrollierten Umfeld statt. Aber wenn einer beschließt, dass »mein Stadion die Welt ist«? Einer, der dann auch noch behauptet, zwischendurch, vorher, beim Training dafür (der undatierte Friedensfackellauf etwa) oder unterwegs und nebenbei Leistungen zu bringen, für die andere – hoch spezialisierte, von Industrie und Presse hofierte, gehätschelte und gesponserte Leistungssportprofis nämlich – als Nationalhelden gefeiert werden, macht sich dadurch bei ebenjenen (den Gefeierten wie den sie Feiernden) nicht unbedingt beliebt. Schon gar nicht, wenn er beschließt, nur noch nach seinen eigene Regeln zu leben, zu trainieren und zu kommunizieren: »Beweise, dass du nicht im Auto gesessen bist«, bekommt Resnik deswegen an den Kopf geworfen – und wenn er dann einräumt, Städte wie Los Angeles aus sicherheitstechnischen und organisatorischen Gründen (»Wenn ich meine Betreuer auf einer Landstraße verliere, ist das kein Problem, man findet sich wieder – aber in einer Millionenstadt wäre das verheerend«) tatsächlich im Bus durchquert zu haben, kommt: »Seht ihr, er gibt es ja zu.« Unerwähnt bleiben die Relationen: Knapp 25 000 Kilometer war die zu fahrende Distanz – und sogar wenn Resnik da nicht 500, sondern 1000 Kilometer im Betreuerwagen mitgefahren wäre (was er, wie er betont, nicht ist), blieben noch 24 000

Restkilometer. Eine Distanz, die viele versierte Amateur-Rennradfahrer nicht einmal in einem Jahr schaffen.

Egal. Es gilt der Generalverdacht: Solange Resnik nicht jeden einzelnen Kilometer seiner Fahrten als »auf dem Rad absolviert« beweisen kann, gilt er als Lügner, Scharlatan, Angeber oder Großmaul.

Den Vorschlag, seine Reisen dann eben durch unabhängige Beobachter bezeug- oder beweisbar machen zu lassen, weist Resnik keineswegs von sich. Im Gegenteil: Jeder – egal ob Journalist, Kritiker oder einfach nur interessierter Beobachter, sei herzlich eingeladen, ihn zu begleiten. Das sei immer schon so gewesen. Aber eben auf eigene Kosten: »Ich kann es mir nicht leisten, einen Bus voll Journalisten und Fotografen einzuladen. Das kostet einfach zu viel – wenn ich das Geld hätte, würde ich einen Arzt mitnehmen. Und einen Notar rund um die Welt zu schicken, ist finanziell total illusorisch.« Noch dazu, wo Resnik davon ausgeht, dass auch das nichts helfen würde. Der Vorwurf würde dann eben lauten, dass die Zeugen doch auf seiner Payroll stünden. Darum bleibt der Sportler bei seiner Einladung: »Es würde schon reichen, wenn die nur ein paar hundert Kilometer radeln würden – da würden sie merken, was das für eine Anstrengung ist. Und dass man sich das sicher nicht antut, um vor anderen gut auszusehen, sondern dass man da nur noch mit sich selbst beschäftigt ist. Das wäre für viele Leute eine Horizonterweiterung. Aber ich glaube auch, dass die meisten Menschen eine unheimliche Angst davor haben, so etwas zu sehen. Die haben Angst davor, ihre kleine Welt voll vorgefasster Meinungen über den Haufen werfen zu müssen. Da ist es viel bequemer, bei Cola, Bier und Chips das Wochenende vor dem Fernseher zu verbringen – und am Montag ist man dann froh, wieder im Büro eingesperrt zu sein. Und alles bleibt, wie es war.«

Zuletzt versuchte Sepp Resnik dann auch, den Zweiflern entgegenzukommen: »Ein bisserl habe ich auf diese Frage ja auch bei dem zehntägigen Skifahrweltrekord geantwortet: Da war es genau das Gleiche, die Leute haben gesagt, dass man ja nicht weiß, wie viel ich wirklich fahre. Und dass der Sessellift ja eigentlich eine Pause ist. Und wenn der Lift ein bisserl langsamer fährt – und so weiter. Ich habe dann die schwerere Aufgabe gewählt: einen kurzen Schlepplift. Da konnte mich jeder sehen. Immer. Aber von denen, die mir nachsagen, ich würde das alles nicht wirklich machen, ist natürlich kein Einziger gekommen, um sich das anzuschauen.«

**Geld, Sponsoren und das, worauf es ankommt**

Sepp Resnik sieht nicht aus wie ein reicher Mann. Er kleidet sich auch nicht so. Und er lebt auch nicht auf großem Fuß: Auch in seiner Doppelfunktion als Offizier und ziviler Vertragsbediensteter des österreichischen Bundesheeres verdient er keine Unsummen – und die Zeit, in der er nebenbei auch noch Gastronom war, hat ihn ebenfalls nicht zum Millionär gemacht.

Trotzdem behauptet Resnik, reich zu sein: »Ich bin in der Lage, im Leben genau das zu bekommen, was mir wichtig ist und was ich brauche – das ist der pure Luxus.« Aber eigentlich, weiß auch der Extremsportler, ist er mit dieser Antwort der Frage ausgewichen: Weltumradelungen, aber auch »simple« Mehrfachtriathlons kosten Geld. Viel Geld. Und ohne Sponsoren geht da gar nichts. Bei seiner ersten Weltrunde wurde Resnik dieser Sorgen durch die Unterstützung durch Österreichs größte Tageszeitung enthoben – aber auch Hans Dichand, der Herausgeber und Gründer der Kronen Zeitung, hat sich Resnik nicht aufgedrängt. »Es geht darum, einen Traum zu teilen«, erklärt Resnik, »die Faszination für das, was man da vorhat, kann man nicht in den Kopf eines Partners bringen, wenn der Traum nicht schon im Herzen ist. Man muss also den Traum skizzieren können – und danach überzeugen. Da müssen dann Fakten und, im besten Fall, Zahlen kommen. Columbus hatte einen Traum – und kein Geld. Aber auch wenn es ihm wirklich nur darum ging, einen neuen Seeweg nach Indien zu finden, hat er seinen Geldgebern diesen Traum mit einem Mehrwert verkauft. Sonst hätte er kein einziges Schiff bekommen: Das war ein Geschäft.«

Genau deshalb will Resnik auch nicht wirklich von »Sponsoren« sprechen: »Sponsoren gibt es nicht. Nur Partner. Vor 300 Jahren gab es vielleicht einen Mäzen, der alles gezahlt hat, weil er den Künstler oder den Abenteurer mochte. Heute ist das anders. Man geht auf einen Partner zu und erklärt ihm, dass das ein Geschäft für beide ist. Es lässt sich analysieren und belegen, was der andere davon hat. Und das funktioniert dann auch.« Genau so, freut sich Resnik, habe er auch für seinen Plan, 2007 rund um die Welt zu fahren, Partner gefunden, die an seinem Traum partizipieren wollen. »Ich hätte eigentlich gedacht, dass das aufgrund meines Alters und der Route, die ja auch durch Krisengebiete geht, schwierig werden wird – aber ich hatte das Material und die finanzielle Unterstützung ziemlich rasch zusammen.« Und auch wenn Resnik mit seinen Sponsorverträgen nie reich geworden ist, sondern immer bloß gerade etwas mehr als die Kosten seiner Abenteuer abgedeckt hat, ist er nicht unzufrieden – ganz im Gegenteil: »Ich habe einen Traum – und den kann ich leben. Also bin ich reich – denn ich bin ein zufriedener Mensch. Das Wertvollste ist das Leben an sich. Das habe ich immer mit allen fünf Sinnen erlebt. Ich habe nichts versäumt und wenig ausgelassen. Ich kann sagen: Ich war da – und habe alles, was mich interessiert hat, voll ausgekostet. Und angeschaut. Mehr war nicht notwendig – und es war alles wunderschön.«

## 100 000 Kilometer – der Plan

**Wenn er nur aufhören könnte ...**

Wenn er ehrlich sei – und meistens, meint Sepp Resnik, sei er ja auch ziemlich ehrlich –, dann habe er sich ein sesshaftes Leben in Ruhe und im Schaukelstuhl nie wirklich vorstellen können. Nicht, dass er es nicht hin und wieder zu schätzen wüsste, alle viere von sich zu strecken, aber nach zehn Minuten Entspannung taucht dann doch schon wieder dieses »Und was gibt es sonst noch?«-Leuchten in seinen Augen auf. Auch wenn es nach Mega-Anstrengungen mitunter eine, zwei oder drei Wochen gedauert habe, bis sich dann die in seinem Kopf herumschwirrenden Puzzlesteine tatsächlich zu den ersten Konturen des nächsten Abenteuers zu formieren begannen.

Bevor er – ohnehin nur halbherzig schuldbewusst – wieder einmal sagen muss: »Ja, ich bin rückfällig geworden«, geht Resnik das nächste Unternehmen lieber gleich direkt an: »Ich habe zwar die Welt umrundet, aber es gibt so unheimlich viele Straßenklassiker, auf denen ich noch nie gefahren bin, das muss ich jetzt nachholen.«

Konkret: Im Sommer 2007 will Sepp Resnik von Wien aus die Welt noch einmal erobern. Der Start soll während des »Donauinselfests« erfolgen, des größten Volksfests Österreichs, bei dem binnen dreier Tage fast drei Millionen Besucher gezählt werden. Die Route soll des Starts würdig sein und diesmal eben wirklich die ganze Welt umfassen.

»100 000 Kilometer auf dem Rad«, lautet die Devise – und mittlerweile dürfte eines klar sein: Dort wo Resnik »will« sagt, steht in seiner Lesart schon längst das Wort »wird« – einen Unterschied gibt es da für ihn nämlich nicht.

Die 100 000 Kilometer will der Dreifach-Weltumradler in ziemlich genau einem Jahr herunterspulen und diesmal keinen Kontinent auslassen: »Klar, als kleiner Bub in der Steiermark schaust du im Atlas zuerst einmal die Karte von Österreich an. Dann die von Europa. Und da hängt halt hinter Europa noch Asien dran. Aber wenn du das aus der anderen Richtung siehst, etwa aus der Perspektive eines Buben in Sibirien, kommt da Russland, dann China und Asien – und dann so ein kleiner Wurmfortsatz. Das ist Europa.« Also sah sich Sepp Resnik seinen alten Schulatlas aus einer anderen Perspektive an und stellte seine neue Route zusammen:

Von Wien wird es nach Moskau gehen, dann weiter nach Peking und von dort nach Süden bis nach Singapur. Von Singapur aus wird der Weg dann zunächst Richtung Europa führen, allerdings nur kurz: In der österreichischen Botschaft in Indien, in Neu-Delhi, wo Resnik schon dreimal Station machte, »werde ich mein ganzes Zeug abstellen und dann nach Sidney fliegen.« Von Sidney wird Resnik dann nach Sidney radeln: Einmal rund um Australien, »so weit außen wie nur möglich.«

Dann geht es per Flugzeug zurück nach Indien: Von Neu-Delhi über Pakistan in den Iran und weiter in die Türkei (»ein Stück der Strecke, die ich schon gefahren bin – aber in der anderen Richtung«), dort wird der Radfahrer »irgendwann nach links abbiegen« und über den Libanon und Israel oder Jordanien ans Rote Meer fahren – und schließlich in Kairo eintreffen. »Den Nil hinauf, die Ostküste hinunter bis nach Kapstadt und Johannesburg, dann über die Elfenbeinküste wieder nach Norden«, lautet der Plan, der Sepp Resnik noch nach Casablanca, von dort nach Gibraltar und weiter nach Lissabon bringen soll.

Dort bleibt dann das Equipment wieder in der Botschaft stehen und der Sportler fliegt nach Feuerland, um sich dort auf ein »hoffentlich schon bereit stehendes« KTM-Spezialrad zu setzen: »Ich will die Panamericana hinauffahren. Von Feuerland bis Anchorage in Alaska, das war immer schon mein Traum.« Dann geht es wieder in den Süden: Las Vegas, New Orleans, Washington. Es folgen ein paar Stunden Ruhe im Flieger zurück nach Lissabon. Von der portugiesischen Hauptstadt geht es dann quer durch

Europa heim nach Wien. »Wenn ich Glück habe und alles glatt geht, dann komme ich pünktlich zum Donauinselfest 2008 wieder in Wien an«, sagt Resnik. Rein rechnerisch müsste sich das mit einem kalkulierten Tageskilometerpensum von 300 Kilometern ausgehen.

»Aber je länger die Fahrt ist, umso weniger kann man jene Faktoren beeinflussen, die zu den mindestens 50 Prozent Zufall, Glück und Schicksal gehören, die bei jeder solchen Unternehmung über Erfolg oder Scheitern entscheiden,« betont der Ironman selbst. Ganz abgesehen von Wetter, Straßenzustand und Krankheiten ist auf einer solchen Strecke auch das momentane politische Gefüge der jeweiligen Region wichtig. »Auf so einer Strecke ist es unmöglich, nicht durch Krisengebiete zu fahren: Bürgerkriege, Kriege, Hungersnöte oder Naturkatastrophen gibt es fast überall auf der Welt. Ich versuche, meine Route so genau wie möglich zu planen, aber ich weiß, dass ich in Gegenden und Situationen kommen werde, wo jede Planung vergeblich ist – was ich dann tun werde, kann ich jetzt wirklich nicht sagen, das werden wir vor Ort und aus der Situation heraus entscheiden.«

Wobei »wir« in dem Fall ein noch minimalistischeres Team sein wird als sonst: »Ich plane, überhaupt nur jeweils einen Betreuer dabei zu haben.« Und wenn dann wieder das Gerede beginnt, dass so doch keiner überprüfen könne, ob Resnik auf dem Rad oder im Auto sitzt? Resnik seufzt: »Ich verstehe wirklich nicht, wieso mir das ständig unterstellt wird: Wieso sollte ich sagen, ich fahre für mich rund um die Welt – und dann soll ich im Auto sitzen? Ich muss niemandem etwas beweisen, außer mir selbst – und ich würde ja wohl mitbekommen, ob ich Rad fahre oder nicht.« Trotzdem gilt auch hier die Einladung, die der Sportler auch früher schon für all seine Reisen ausgesprochen hat: »Jeder, der will, kann, darf und soll mich begleiten – ich habe aber nicht das Budget, die Leute einzuladen. Aber wer sich 300 Kilometer am Tag quer durch die Welt geben will, ist herzlich eingeladen – das ist sicher für jeden, der das macht, ein tolles Erlebnis.«

Freilich beginnt dieses Erlebnis für Resnik schon viel früher: Zum Zeitpunkt, als dieses Buch geschrieben wurde, hatte der Ironman noch knapp zehn Monate bis zum Start der 100 000-Kilometer-Tour – und Resnik war intensiv mit Training und Sponsorenverhandlungen beschäftigt: »KTM hat mir gerade mein Rad geliefert. Und mit dem beginne ich jetzt das Intensiv-Training: Ich fahre jeden Tag vier Stunden, bin dann zwei Stunden in der Kraftkammer und habe auch noch Rehab für die alten, von einem Auto- und einem Motorradunfall herrührenden Verletzungen an den Beinen. Das heißt also, dass ich derzeit – und bis zum Start – acht bis neun Stunden pro Tag der rein physischen Vorbereitung auf die Reise widme. Und wenn ich das erzähle, sagen die Leute immer, die Zeit müsse man erst einmal haben. Das ist falsch. Ich habe ja schließlich auch einen ganz normalen Beruf zu erledigen. Die Zeit muss man nicht haben – die hat jeder. Man muss sie sich nur nehmen. In der Nacht, in der Früh – das ist eine Frage des Wollens.«

Und da ist natürlich noch etwas: Auch diese Fahrt will Sepp Resnik unter einem karitativen Stern fahren, ähnlich wie anlässlich der Polio-Spendenaktion der Rotarier. Diesmal soll ein Spendenkonto zugunsten des Jugendrotkreuzes eingerichtet werden. »Diese Organisation motiviert ja viele Jugendliche zum persönlichen – ehrenamtlichen – Engagement. Nicht nur dieses konkrete Engagement, sondern auch die Verankerung des Ehrenamts im Bewusstsein der Jugendlichen sind Anliegen, die ich der Öffentlichkeit nahe bringen möchte.«

Gut. Sepp Resnik will also um die Welt fahren. Um die ganze Welt. Und im Sommer 2008 wird er – wenn alles gut geht – wieder in Wien sein. Dann wird er 55 Jahre alt sein. Und dann? Wird er dann endlich Ruhe geben? Schaukelstuhl, Veranda und Blick in die Landschaft? »Das klingt doch ganz fein. Aber ich möchte dann einmal 70 Jahre alt werden. Das ist schon ein Ziel. Man muss sich bewusst sein, dass es in einer Sekunde aus und vorbei sein kann. Aber dann, mit 70, fällt mir sicher wieder etwas ein. Der Ganges würde mich reizen. Also die Idee wäre, den hinunterzuschwimmen, den ganzen Fluss. Mir hat nämlich jemand gesagt, dass das unmöglich sei. Das könne keiner.«

# Anstelle eines Nachworts

## Medizinische Aspekte bei extrem langen Belastungen

von Dr. med. Beat Knechtle, Facharzt FMH für Allgemeinmedizin in St. Gallen und Ausdauerathlet (www.beatknechtle.ch)

Sepp hat mich im Frühjahr 2006 gefragt, ob ich ihm einen Abschnitt über die medizinischen Aspekte bei sehr langen Belastungen für sein Buch schreibe. Gerne komme ich dieser Anfrage entgegen und versuche, in kurzer und verständlicher Form die wichtigsten Aspekte zu beschreiben. Als aktiver Ultratriathlet, der schon etliche Ultratriathlons über die doppelte, dreifache, fünffache und zehnfache Ironman-Distanz überlebt hat, habe ich oft auch im Rahmen der Wettkämpfe Daten zur Ernährung oder dem Energiehaushalt erhoben. Folgende Aspekte werde ich in kurzer Form darstellen:
Das Problem des Energieverbrauches bei länger dauernder Belastung,
die Muskelschädigung,
das Energiedefizit bei Extremausdauer,
das Problem der Hitze,
Dehydratation und belastungsassoziierte Hyponatriämie,
Aspekte der Ernährung bei Extremausdauer.

### Das Problem des Energieverbrauches bei länger dauernder Belastung

Was ist Extremausdauer? Ausdauer wird allgemein in die Bereiche Kurzzeit-, Mittelzeit- und Langzeitausdauer eingeteilt. Der Begriff der Extremausdauer sollte eigentlich nur für Belastungen im Bereich von mindestens 12 Stunden und mehr verwendet werden. Extremausdauerwettkämpfe werden vor allem in den Disziplinen Laufen, Radfahren sowie Triathlon abgehalten. Beim Laufen handelt es sich um 12-Stunden- und 24-Stunden-Läufe sowie Mehretappenläufe bis hin zu Kontinentalumrundungen beziehungsweise Kontinentaldurchquerungen. Beim Radfahren sind es 24-Stunden-Rennen, lange Mehretappenrennen bis hin zu Kontinentaldurchquerungen wie dem Race Across America (RAAM). Im Bereich Triathlon werden Ultratriathlons als Double Iron (7,6 km Schwimmen, 360 km Radfahren und 84,4 km Laufen), als Triple Iron (11,4 km Schwimmen, 540 km Radfahren und 126,6 km Laufen), als Deca-Triathlon (38 km Schwimmen, 1800 km Radfahren und 422 km Laufen) oder als Multidays (Gigathlon) absolviert.

Die Quellen für die Energieproduktion für eine körperliche Leistung sind Kohlenhydrate, gespeichert als Muskelglykogen in der Muskulatur und als Leberglykogen. Hinzu kommt Fett, das im subkutanen Fettgewebe und als intramuskuläre Triglyzeride (IMCL) in der Muskulatur gespeichert wird. Zusätzlich ist in der Skelettmuskulatur Energie gespeichert. Je intensiver die Belastung ist, umso mehr wird Muskelglykogen verbraucht. Bei andauernder Belastung über mehrere Stunden wird die in der Muskulatur gespeicherte Energie abgebaut. Eine extreme Ausdauerbelastung stellt einen großen körperlichen Stress dar. Bei einer Extremausdauerbelastung ist der Athlet mit verschiedenen Problemen konfrontiert. Neben Schlafentzug und Einflüssen durch die Witterung treten vor allem Probleme im Bereich des Energiehaushalts sowie des Bewegungsapparates auf. Ermüdungserscheinungen sind nicht nur auf ein progredientes Stoffwechselversagen, sondern auch auf hochgradige Störungen der viskoelastischen Eigenschaften der kontraktilen Strukturen der Muskulatur zurückzuführen.

**Energetische Probleme.** Aus energetischer Sicht nimmt der Energieverbrauch mit zunehmender Dauer zu. Ein Problem ist, dass die im Körper gespeicherte Energie deutlich limitiert ist. Ein weiteres Problem ist, dass mit Zunahme der Belastungsintensität entsprechend mehr Energie aus den muskulären Speichern abgetragen wird. Mit zunehmender Dauer einer Belastung werden die intramuskulären Energiedepots entleert und die Energie wird aus im Blut zirkulierenden Fettsäuren (aus Ernährung und Fettgewebe) sowie Glukose (aus Ernährung und Leberglykogen) geliefert.

**Probleme des Bewegungsapparates.** Die zunehmende Belastungsdauer stellt auch eine enorme Anforderung an den Bewegungsapparat. Dies zeigt sich darin, dass sich die Dimension der Füße verändert und bei längeren Belastungen Körperhöhe sowie Muskelmasse abnehmen. Werden bei einem Mehretappenlauf aber nicht mehr als 50 km pro Tag gelaufen, so nimmt die Muskelmasse am Oberschenkel zu, während an den anderen Extremitäten ein Abbau der Muskulatur zu beobachten ist. Ebenfalls führen 100 km Skilanglauf in 2 Tagen zu keiner Einschränkung des Bewegungsapparates. Laufen als eine der häufigsten Extremausdauerbelastungen führt zudem zu einer Schädigung der Ultrastruktur der Muskelfasern in Abhängigkeit von der Laufdistanz. Es ist nachgewiesen, dass Ultraläufe zu einer Schädigung der kontraktilen Eiweiße der Muskelfaser und auch der Mitochondrien in der Muskelfaser führen. Bei einem Lauf über 400 km kommt es zu einem ausgeprägten katabolen Zustand mit Muskelschädigung. Lange Laufbelastungen führen zudem zu einer Abnahme der Fasergröße. Die Degeneration betrifft vor allem die Typ II-Fasern, während die Typ I-Fasern zunehmen. Aufgrund der Verminderung der Muskelmasse wird die oxidative Kapazität der Skelettmuskeln eingeschränkt.

## Die Muskelschädigung

Intensive oder auch lang andauernde Belastungen führen zu teils ausgeprägten Schäden in der Muskulatur. Vor allem Laufen als exzentrische Belastungsform führt zu Einrissen in der Muskelfaser. Die Abbildung 1 zeigt eine intakte Muskulatur, die Abbildung 5 eine geschädigte Muskelfaser nach exzentrischer Belastung.

Abbildung 1: Intakte Muskelfaser. Die schräg verlaufenden schwarzen Streifen sind die intakten Z-Scheiben. Zwischen den Myofibrillen sind vereinzelt intakte Mitochondrien sichtbar. (Elektronenmikroskopie menschlicher Skelettmuskel, Prof. Dr. med. H. Hoppeler, Anatomisches Institut, Universität Bern)

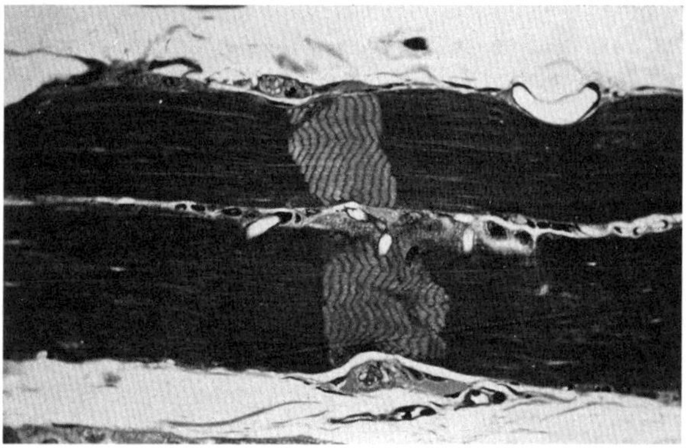

Abbildung 2: Geschädigte Muskelfaser mit Zerstörung der Sarkomere. In der Myofibrille sind helle Bezirke sichtbar, dies entspricht Einrissen im Bereich der Z-Scheibe des Sarkomers (Elektronenmikroskopie menschlicher Skelettmuskel, Prof. Dr. med. H. Hoppeler, Anatomisches Institut, Universität Bern)

## Das Energiedefizit bei Extremausdauer

**Der Eiweißabbau.** Grundsätzlich ist man der Meinung, dass unter Belastung nur die energiereichen Substrate Kohlenhydrate und Fett abgebaut werden. Aber auch das Eiweiß wird während langen Belastungen abgebaut. An einem Extremrennen in Alaska nahmen die Athleten 30 800 kJ Energie mit einem Kohlenhydratanteil von 71 % auf. Aufgrund des nachgewiesenen Verlusts an Körpergewicht sowie einer Ketonurie und Proteinurie muss man in diesem Fall von einem Fett- sowie Eiweißabbau ausgehen. Bei einem Triple Iron-Triathlon kam es zu einem ausgeprägten Proteinkatabolismus mit hochsignifikantem Anstieg des Serumharnstoffs. Unter Belastung kann der Anteil des Eiweiß an der Energiegewinnung von 5 % bis auf 10 % ansteigen und ist abhängig von Dauer und Intensität der Belastung sowie Füllungszustand der Glykogenspeicher und Energieaufnahme unter Belastung. Der Abbau von körpereigenen Eiweißstrukturen als Katabolismus führt zu einer positiven Stickstoffbilanz. Gerade bei Extremausdauerbelastungen kann ein Katabolismus beobachtet werden, denn es kommt zu einer Abnahme des Aminosäurepools. Bei langen Belastungen nehmen die Aminosäuren um etwa 20 % ab, gewisse Aminosäuren gar um bis zu 50 %. Ursächlich für den verminderten Aminosäurepool ist der gesteigerte Proteinkatabolismus mit direkter Beteiligung der Aminosäuren an der Energiegewinnung. Unter Laufen zeigt sich eine Abnahme der Konzentration der Aminosäuren Alanin und Prolin im Serum, während die Konzentration von Glukose und FFA ansteigt.

**Der Abbau der Muskelmasse.** Dieser erhöhte Eiweißabbau zeigt sich auch in einem erhöhten Abbau der Muskelmasse. Wird während 2 Wochen die Energiezufuhr reduziert, so kommt es zu einer Abnahme der Muskelmasse, aber noch zu keiner Leistungseinbuße. Bei einem 1000-km-Lauf, der in 20 Tagesetappen zu 50 km absolviert wurde, kam es zu einem Abbau von Muskelprotein. Bei einem 6-Tage-Lauf ging beim beschriebenen Läufer der Oberschenkelumfang von anfänglich 57 cm um 12,3 % auf 50 cm zurück. Auch bei einem Ultraradrennfahrer ging der Umfang der Beine deutlich zurück.

**Veränderung der Körpermasse bei Extremausdauer.** Wenn bei einer Extremausdauerbelastung ein Energiedefizit entsteht, darf man davon ausgehen, dass die Körper- resp.

die Muskelmasse abnehmen sollten. Dies kann aber nicht immer beobachtet werden.

**Abnahme des Körpergewichts.** In einer Reihe von Arbeiten wurde eine Abnahme des Körpergewichtes beschrieben. Bei einem 1000-km-Lauf über 20 Etappen zu je 50 km nahm das Körpergewicht um 1,75 kg bis rund 2 kg ab. Bei einem 6-Tage-Lauf fiel das Körpergewicht des Läufers von 78,5 kg auf 76,0 kg und die Fettmasse von 13 kg auf 6,2 kg ab. Bei einem 24-Stunden-Radrennen verlor der Radfahrer 1,19 kg, bei einem Gigathlon nahmen die Athleten von 73,6 kg auf 70,3 kg ab und am RAAM nahm der beobachtete Radfahrer gar 5 kg ab.

**Zunahme des Körpergewichts.** Es gibt aber auch einige Untersuchungen, bei denen eine Zunahme des Körpergewichts nachgewiesen wurde. Bei einem Lauf über 400 km während 15 Tagen nahmen das Körpergewicht von 75,5 auf 75,7 kg und der prozentuale Anteil an Fett von 11,2 auf 12,3 % zu. Bei einem Radfahrer an einem 24-Stunden-Einzelzeitfahren nahmen das Körpergewicht von 74 auf 78 kg und die Fettmasse von 8,8 auf 9,7 kg zu, bei einem Triple Iron-Triathlon nahm das Körpergewicht um 2,1 kg zu, bei gleichbleibendem Subkutanfett und Zunahme der Magermasse um 4,4 kg, und bei einem Deca-Triathlon stieg das Körpergewicht von 76,1 auf 79,3 kg und die Fettmasse von 7,1 auf 9,5 kg.

**Hypoproteinämische Ödeme als Ursache?** Die Zunahme des Körpergewichts könnte auf eine Wassereinlagerung oder eine erhöhte Flüssigkeitszufuhr zurückgeführt werden. Die Wassereinlagerung dürfte am ehesten auf eine Hypoproteinämie zurückgeführt werden. So entwickeln Athleten während eines Extremausdauerwettkampfes oft im Bereich der Knöchel (Abbildung 3) und der Hände (Abbildung 4) teils groteske Ödeme. Bei Extremausdauerbelastungen nehmen das zirkulierende Eiweiß im Blut ab und das Plasmavolumen zu. Bei einem Ultralauf über 400 km nahm das Serumprotein von 7,09 ± 0,10 g/dl auf 6,88 ± 0,08 g/dl ab und bei einem Double Iron-Triathlon nahm das Plasmavolumen um 15,4 % zu. Aufgrund der Ödeme dürfte die Hautfaltendicke an den abhängigen Körperpartien zunehmen und dadurch die Fettmasse – wenn sie mit der Kalipermethode gemessen wird – falsch bestimmt werden.

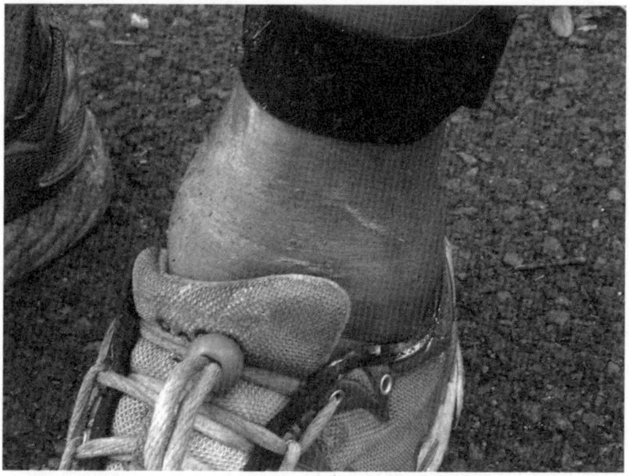

Abbildung 3: Ödeme der Unterschenkel. Knöchel eines Athleten auf der Laufstrecke bei einem Deca-Triathlon. (Foto mit Genehmigung des Athleten)

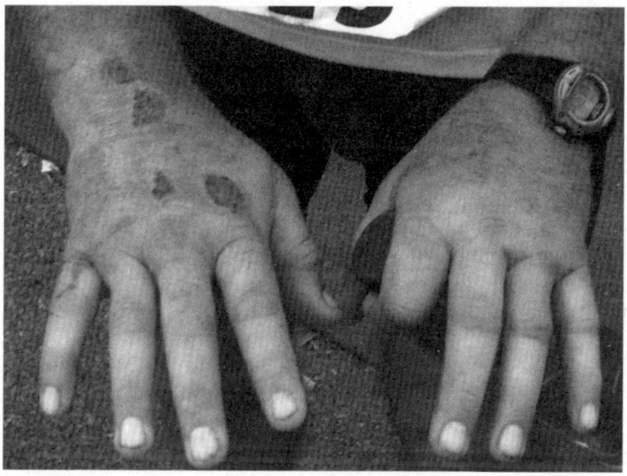

Abbildung 4: Ödeme der Hände. Ausgeprägte Ödeme der Hände und Finger bei einem Athleten auf der Laufstrecke bei einem Deca-Triathlon. Die Schürfung auf dem rechten Handrücken stammt von einer früheren Verletzung. (Foto mit Genehmigung des Athleten)

**Das Problem der Hitze**
Von unserer afrikanischen Ursprünglichkeit - als Schweiß- und Laufwesen der Hitze angepasst - haben wir in den klimatisch gemäßigten Zonen viel verloren. Nun weit eher an Kälte adaptiert, haben wir deshalb in Hitzeperioden Anpassungsprobleme, die vor allem ganz junge, ältere und kranke Personen betreffen. Die Gefahr der Hitzekrankheit nimmt zu. Die globale Erwärmung verursacht bereits Hitzewellen in temperierten Regionen. Die Hitze per se hat einen negativen Einfluss auf den Körper, Temperaturschwankungen und Luftfeuchtigkeit tragen nicht viel dazu bei, können aber das Risiko für eine Hitzeerkrankung erhöhen.

**Formen der Hitzeerkrankung.** Das Auftreten einer Hitzeerkrankung stellt ein multifaktorielles Geschehen dar, wobei neben den äußeren klimatischen Bedingungen zahlreiche zusätzliche Einflussfaktoren wie eine vorbestehende genetische Disposition sowie Alter, Geschlecht, Körperkonstitution (Körperoberfläche, prozentualer Fettgehalt) und Bekleidung zu berücksichtigen sind. Das Spektrum der Hitzeerkrankungen betrifft einerseits die lokale oder systemische Thermoregulation (Sonnenstich, Hitzschlag), andererseits die Folgen von akuten oder chronischen schweißbedingten Defiziten im Flüssigkeits- und Elektrolythaushalt (Hitzekrämpfe, Hitzeerschöpfung) sowie vasomotorische Funktionsstörungen mit einem kritischen Blutdruckabfall (Hitzekollaps, Hitzeohnmacht). Bei der Hitzeerkrankung werden verschiedene Formen unterschieden: der Sonnenstich, der Hitzschlag, die Hyperthermie mit Hitzekollaps, Hitzeerschöpfung und Hitzeschock. Therapeutisch dürfte das Eintauchen des ganzen Körpers in kaltes Wasser am effizientesten sein, um die erhöhte Körperkerntemperatur zu senken, während die Anwendung von Sonnencreme keinen Effekt hat.

**Der Einfluss der Hitze auf Stoffwechsel und Leistung.** Hitze erhöht den oxidativen Stress und in Abhängigkeit von der Hitze werden Stoffwechsel und Leistung beeinflusst und eingeschränkt. Es zeigt sich, dass der Körper in der Hitze den Energieverbrauch drosselt. Möglicherweise liegen individuelle Unterschiede vor, denn offensichtlich gibt es Athleten, die eine gewisse „Hitzetoleranz“ haben. In manchen Fällen reichen nicht einmal 8 Tage oder gar 14 Tage zur Akklimatisation an die Hitze in einem tropischen Klima.

**Hitze und Flüssigkeitsverlust.** Der Einfluss von Flüssigkeitsverlust auf die körperliche Leistungsfähigkeit ist von großem Interesse. Zu einem großen Flüssigkeitsverlust kommt es bei Sportlern, die über den Schweiß viel Flüssigkeit verlieren. Ein zusätzlicher Aspekt kommt bei Belastungen in der Hitze hinzu. In der Hitze kommt es wegen der erhöhten Schweißrate zu einem zusätzlichen Wasser- und Elektrolytverlust. Besonders bei hohen Temperaturen kann es zu Störungen im Wasser- und Elektrolythaushalt kommen, die sich negativ auf die Ausdauerleistungsfähigkeit auswirken.

**Leistungseinbuße durch Flüssigkeitsverlust.** Störungen im Wasser- und Elektrolythaushalt sind mit einer Einschränkung der Leistungsfähigkeit verbunden. Werden 3 % Gewichtsabnahme durch Schwitzen erreicht, wird die maximale aerobe Kapazität beeinträchtigt. Bei submaximalen aeroben Leistungen wie Langstreckenlauf, Radfahren oder Triathlon reichen bereits 1–2 %, die einem Verlust von 600–800 ml Wasser entsprechen. Die Muskelkraft ist in der Hitze reduziert.

**Dehydratation und belastungsassoziierte Hyponatriämie**

**Wasserverlust und Dehydratation.** Mit zunehmender körperlicher Aktivität werden immer mehr Muskeln eingesetzt und mit dem zunehmenden Energieverbrauch wird immer mehr Wärme produziert. Kompensatorisch kommt es zu einer Zunahme der Zirkulation und zu einer Umverteilung des Blutflusses. Der Blutfluss nimmt in den Muskeln und in der Haut zu und im Splanchnikusgebiet sowie in der Portalvene ab. Zusätzlich zu diesen kardiovaskulären Veränderungen kommt es zu einer erhöhten Schweißproduktion, die zu einem kontinuierlichen Verlust des Körperwassers führt.

**Die Dehydratation.** Unter Dehydratation versteht man ein vermindertes Extrazellulärvolumen infolge eines Wasser- und Elektrolytverlustes mit unveränderter Erythrozytenmasse.

**Die Prävalenz der Dehydratation.** Eine Dehydratation tritt eher bei länger dauernden Belastungen auf. Bei einem Ironman-Bewerb kommt es bei einem Viertel der Athleten zu einer Dehydratation. Eine Dehydratation ist das häufigste medizinische Problem für Triathleten beim Hawaii-Ironman.

Aber auch die Intensität hat einen Einfluss auf die Dehydratation. Erwiesenermaßen erleiden schnelle Marathonläufer eher eine Dehydratation am Ende eines Marathons mit einem Verlust von 2–8 % Körpergewicht.

**Die typische Klinik bei Dehydratation.** Dehydratation mit leichter Hypovolämie verursacht Symptome durch verminderte Gewebeperfusion wie Schwäche, leichte Ermüdbarkeit, Schwindel beim Stehen und körperlicher Anstrengung, Muskelkrämpfe und hypovolämisch induzierten Durst. Ein Delirium im Rahmen der Dehydratation zeigt die bereits deutlich eingeschränkte kognitive Funktion.

**Der Anstieg der Körpertemperatur.** Je ausgeprägter die Dehydratation und die Hyperthermie unter Belastung werden, umso mehr wird die Nierendurchblutung reduziert, bis es zu einem Nierenversagen kommen kann.

**Die verzögerte Magenentleerung.** Durch die Dehydratation kommt es zu einer verzögerten Magenentleerung. Bei Dehydratation wird auch der Energiestoffwechsel zu Ungunsten des Fettstoffwechels eingeschränkt.

**Die Einschränkung der Leistungsfähigkeit bei Dehydratation.** Bei Flüssigkeitsverlust nehmen die aerobe wie auch die anaerobe Leistungsfähigkeit ab, wobei die aerobe Leistung deutlich mehr eingeschränkt wird als die anaerobe.

**Konsequenz einer Dehydratation bis 5 %.** Wasser ist der wichtigste leistungslimitierende Faktor bei einer physischen Aktivität. Bereits eine Dehydratation mit Abnahme von 1–2 % der Körpermasse kann die physische Leistungsfähigkeit messbar vermindern. Ein Verlust von knapp 3 % Körpergewicht durch Dehydratation schränkt die Leistung signifikant ein. 3 & Verlust an Körpergewicht ist bei Langstreckenwettkämpfen praktisch immer nachweisbar. In der Regel verlieren Athleten bei einem Langstreckenwettkampf etwa 2,5 kg Körpergewicht. In Wettkämpfen von 4 Stunden Dauer und länger werden die Dehydratation und das Elektrolytungleichgewicht neben der kontinuierlichen Erschöpfung der Energiereserven zum leistungslimitierenden Faktor. Bei submaximalen aeroben Leistungen wie Laufen, Radfahren oder Triathlon reichen bereits ein Verlust von

1–2 % des Körpergewichts – also 600–800 ml Flüssigkeit –, um die Leistung einzuschränken.

**Konsequenz einer Dehydratation über 5 %.** Wasserverluste in der Höhe von 5 % des Körpergewichts führen zu einer deutlichen Minderung der Leistungsfähigkeit. Eine Abnahme von 10 % bedeutet bereits eine schwere Dehydratation und bei einer Abnahme von 15–20 % der Körpermasse tritt der Tod ein. Da der mittlere Wassergehalt des Organismus rund 60 % beträgt, tritt der Tod dann ein, wenn rund ein Drittel bis ein Viertel des Wasserbestandes verloren gegangen ist. Erstaunlicherweise können aber Marathonläufer eine Dehydratation mit einem Verlust von 4–8 % des Körpergewichts erleiden, eine Körperkerntemperatur von über 40 °C erzielen und trotzdem erfolgreich das Ziel erreichen.

### Die belastungsassoziierte Hyponatriämie im Sport

Bisher wurde angenommen, dass die Dehydratation bei einer länger dauernden körperlichen Belastung unabdingbar ist. Allgemein wurde deshalb empfohlen, dass die Zufuhr von Flüssigkeit in Form von Wasser während der Belastung die wesentlichste Massnahme darstellt, um ernsthafte Probleme wie Hitzschlag oder Nierenversagen zu verhindern. Somit wurde empfohlen, möglichst viel Flüssigkeit während der Belastung einzunehmen. Die Möglichkeit einer Wasserintoxikation mit potenziell letalem Ausgang wurde bis vor kurzem als nicht realistische Möglichkeit betrachtet. Hyponatriämie wird nun als potenziell lebensbedrohlich betrachtet, da bei Marathonläufen auch junge Frauen an einer Hyponatriämie sterben können.

**Marathon versus Ironman.** Bei Belastungen von weniger als 4 Stunden ist eine belastungsassoziierte Hyponatriämie nicht zu erwarten, bei Belastungen von über 8 Stunden ist sie hingegen sehr wahrscheinlich. An einem Marathon erleiden rund 5,6–13 % der Läufer eine belastungsassoziierte Hyponatriämie. An einem Ironman kann eine belastungsassoziierte Hyponatriämie bei etwa 9–18 % der Athleten nachgewiesen werden. Beim Hawaii-Ironman ist die belastungsassoziierte Hyponatriämie die wichtigste Elektolytstörung. Etwa 9 % der an einem Ironman kollabierten Athleten weisen eine Hyponatriämie auf. Nur etwa 30 % der Athleten, die eine laborchemisch nachgewiesene Hyponatriämie haben, bedürfen einer medizinischen Behandlung.

**Frühe Symptome.** Unwohlsein, leichte Kopfschmerzen, Erbrechen und Müdigkeit liegen im Anfangsstadium einer belastungsassoziierte Hyponatriämie vor. In gewissen Fällen ist Erbrechen das einzige klinische Zeichen, das die Hyponatriämie von einem belastungsinduzierten Kollaps unterscheidet.

**Späte Symptome.** Mit Zunahme der belastungsassoziierten Hyponatriämie entwickeln sich ein zerebrales und ein pulmonales Ödem. Da treten Kopfschmerzen, Verwirrtheit, Agitation, Koordinationsprobleme und Bewusstseinstrübungen auf. Es folgen Muskelzuckungen, Desorientiertheit, Koma und epileptische Anfälle. Es kann sich eine hochgradige respiratorische Insuffizienz bis hin zum Atemstillstand entwickeln. Im Extremfall tritt bei Nichterkennen der Symptomatik und ohne adäquate Therapie der Tod ein. Die Bewusstlosigkeit kann durch einen erhöhten Hirndruck oder ein Lungenödem eintreten.

## Risikofaktoren für eine belastungsassoziierte Hyponatriämie

Aufgrund der bisher vorliegenden Daten gelten folgende Faktoren als Risikofaktoren für eine Hyponatriämie:
Weibliches Geschlecht
Tiefes Körpergewicht
Geringer BMI
Belastungsdauer von 4 Stunden und mehr
Geringe Wettkampferfahrung
Langsame Laufzeit
Übermäßiges Trinken
Geringe Natriumzufuhr
Hohe Verfügbarkeit von Getränken
Eingeschränkte Wasserexkretion über die Niere durch NSAR
Extreme Aussentemperaturen (Hitze, Kälte)

| Abnahme vom Ausgangsgewicht | Massenverlust (bezogen auf 70 kg Körpergewicht) | Leistungsfähigkeit und Symptome |
|---|---|---|
| 1 % | 0,7 kg | Volle Leistungsfähigkeit, kaum Durstgefühl |
| 2 % | 1,4 kg | Erhalt der Leistungsfähigkeit bei hoher Anstrengung |
| 3 % | 2,1 kg | Beginnende Abnahme der Leistungsfähigkeit (3–5 %), Geschwindigkeitsminderung |
| 4 % | 2,8 kg | Starke Geschwindigkeitsverminderung und Leistungsabfall von 5–8 % |
| 5 % | 3,5 kg | Deutliche Abnahme der Leistungsfähigkeit von 10–15 %, starke Erschöpfung und meist Leistungsunterbrechung oder Abbruch |

Abbildung 5. Flüssigkeitsverlust und Auswirkung auf die Leistungsfähigkeit

## Aspekte der Ernährung bei Extremausdauer

**Die Ernährung in der unmittelbaren Wettkampfvorbereitung.** In der unmittelbaren Wettkampfvorbereitung sind das Carboloading und das Fatloading in Bezug auf das Auffüllen der intramuskulären Energiespeicher von Bedeutung.

**Carboloading.** Für Ausdauerathleten ist eine möglichst lange Verfügbarkeit von Glykogen wichtig, da die Erschöpfung der Glykogendepots zur Leistungslimitierung führt. Bekannt wurde das sog. Carboloading durch skandinavische Wissenschaftler, deren Ernährungsstrategie initial eine weitgehend vollständige Entleerung der Glykogenvorräte zum Ziel hatte. Diese traditionelle Methode führte zu einer signifikanten Steigerung des Gehalts an Muskelglykogen und dementsprechend zu einer Leistungssteigerung. In den vergangenen Jahren wurde diese Methode zunehmend unpopulärer, da sie zum einen nur schwer von Athleten ertragen wird und ähnlich positive Effekte erzielt werden, wenn der Trainingsumfang während 1 bis 3 Tage vor dem Wettkampf reduziert wird und > 50 % der täglichen Energieaufnahme aus Kohlenhydraten besteht. Da die Einlagerung von Glykogen sowohl von Insulin als auch dem Blutzucker beeinflusst wird, spielt die Art der Kohlenhydrate eine wichtige Rolle. Kohlenhydrate mit einem moderaten bis hohen glykämischen Index (GI) scheinen die Einlagerung von Glykogen im Vergleich zu Kohlenhydraten mit einem tiefen GI zu begünstigen. Hingegen scheint der GI der Mahlzeit vor der Belastung auf die anschließende Leistung keinen Einfluss zu haben.

**Fatloading.** Da die Fettvorräte sehr groß sind und die regulierende Funktion der Ernährung vor allem in der Wiederauffüllung und Konstanthaltung der Glykogenvorräte liegt, wird dem Fettstoffwechsel wenig Beachtung geschenkt. Es wird angenommen, dass eine erhöhte Einnahme von Fett während 1 bis 3 Tagen in der Wettkampfvorbereitung keinen Einfluss auf die Leistungssteigerung hat. Es wurde aber gezeigt, dass ein Fatloading die Konzentration der FFA im Blutplasma erhöht, einen reduzierter Muskelglykogenverbrauch und eine reduzierte Kohlenhydratoxidation zur Folge haben. Zderic und Mitarbeiter zeigten, dass die erhöhte Fettoxidation nach einer Fettdiät auf eine erhöhte Oxidation der IMCL zurückzuführen ist. Es scheint, dass die fehlende Leistungssteigerung nach einer kurzen und langen Fettdiät trotz erhöhter IMCL mit einer reduzierten Verfügbarkeit von Muskelglykogen verbunden ist. Idealerweise wäre daher eine Ernährung, die sowohl die Glykogenvorräte auffüllt wie auch die IMCL erhöht. Keine Angaben sind der internationalen Literatur über die Einflüsse eines Fatloading auf die Leistung bei Ausdauerbelastungen, die länger als 4 Stunden dauern, zu entnehmen. Lediglich in einem „populären" Diätbuch wird beschrieben, dass das Fatloading eine mögliche Strategie ist, um den „tap into body fat stores" von Ausdauer- und Ultraausdauerathleten zu vereinfachen.

**Belastungen von über 12 Stunden Dauer.** Bei Belastungen über 12 Stunden Dauer liegen keine Laborstudien vor. Bei so langen Belastungen können auch kaum gut kontrollierte Feldstudien durchgeführt werden. Die Erkenntnis basiert hier auf Feldstudien und Fallberichten.

**Energiedefizit.** Bezüglich des Energiehaushalts ist aus wenigen Feldstudien und Fallberichten ersichtlich, dass der stündliche Energieverbrauch immer noch grösser ist als die stündliche Energiezufuhr. Bei Mehrtagesbelastungen resultiert daher immer ein Energiedefizit, das sich täglich kumuliert. Erfahrene Ausdauerathleten, die lange Wettkämpfe erfolgreich finishen, weisen eine deutlich höhere Energiezufuhr und ein geringeres Energiedefizit als Nicht-Finisher auf.

**Energiezufuhr.** Der Energiezufuhr sind aufgrund der Verdauung im Magen-Darm-Trakt und der Absorption der Nährstoffe sowie dem Transport zur Muskelfaser und der Oxidation in der Muskulatur Grenzen gesetzt. Man geht davon aus, dass ein sehr gut trainierter Ausdauerathlet etwa das 4-Fache seines Grundumsatzes an Energie umsetzen kann. Somit kann ein Spitzenausdauerathlet etwa 10 000 bis maximal 12 000 kcal pro 24 Stunden aufnehmen und verdauen, aber in der gleichen Zeit bis zu 20 000 kcal verbrauchen.

**Zufuhr von Kohlenhydraten.** In der Regel liegt der Kohlenhydratanteil bei extrem langen Rennen wie dem Race Across America (RAAM) oder Extremläufen über bis zu 1000 km etwa bei 70–80 % der Gesamtenergieaufnahme. An einem Langstreckentriathlon wurde gar ein Kohlenhydratanteil von 90 % der Gesamtenergieaufnahme nachgewiesen.

**Die Bedeutung von kompletten Mahlzeiten.** Athleten nehmen an Ultraveranstaltungen etwa alle 4 bis 6 Stunden komplette Mahlzeiten in etwas komprimierter Form ein. Wenn wir davon ausgehen, dass die aufgenommenen Nährstoffe im Intermediärstoffwechsel und im „metabolic pool" sowieso wieder entsprechend den Bedürfnissen des Körpers ab-, um- und wieder aufgebaut werden, ist eine möglichst abwechslungsreiche Nahrung sicherlich empfehlenswert. Oft werden einzelne Phasen durchlaufen. So wird nach einer „Fruchtphase", in der bei eher warmer Temperatur bevorzugt Früchte und Fruchtsäfte konsumiert werden, wieder eine „Fettphase" eingelegt, bei der Nahrungsmittel wie Fleisch oder Käse zugeführt werden. Auch bei den Getränken werden oft herbe Geschmacksrichtungen wie Zitronensaft, Kaffee oder starker Tee bevorzugt. Das zeigt auch die Aussage eines bekannten Ultratriathleten: „Sehr gut bekommen mir Pellkartoffeln, kleine Frikadellen, Birnen-, Bananen- und Apfelstücke, kohlensäurereiches Wasser und Cola im letzten Drittel der jeweiligen Strecke."

Das Problem des Abbaus der Muskelmasse. Ein großes Problem, das bei mehrtägigen Belastungen auftritt und in der Literatur nicht behandelt wird, ist der Abbau von Muskelmasse. Aus Feldstudien ist bekannt, dass die Muskelmasse bei Ultraläufen in Abhängigkeit von Dauer und Intensität der täglichen Laufbelastung abnimmt. Erklärt werden kann dieser Muskelabbau dadurch, dass beim Aufbrauchen der im Körper und speziell in der Muskelfaser gespeicherten Energievorräte, die Muskelfaser selber abgebaut wird. Die aus dem Eiweiß freigesetzten glukoplastischen Aminosäuren werden in der Leber zu Glykogen aufgebaut und zur Energielieferung genutzt. Wir haben bei Wettkämpfen mehrfach beobachtet, dass die Beinmuskulatur der Athleten im Verlaufe des Wettkampfes deutlich abnahm. Zusätzlich sind bei gewissen Athleten – die unter Belastung kaum Eiweiß aufgenommen haben – teils groteske Ödeme an den Händen und Knöcheln aufgetreten. Erwiesenermaßen verbessert die kombinierte Einnahme von Kohlenhydraten mit Eiweiß die Eiweißbilanz. Es kommt zu einer positiven oder sicher weniger negativen Eiweißbilanz während und nach Belastung.

### Flüssigkeitszufuhr und Natriumkonzentration

Der Flüssigkeits- und Natriumzufuhr muss bei Extremausdauerbelastungen eine ganz speziell große Aufmerksamkeit geschenkt werden. Üblicherweise können Extremausdauersportler ihren erhöhen Flüssigkeitsbedarf während der Belastung nicht decken. Während einer 1005 km langen Laufbelastung von Sydney nach Melbourne nahm der Athlet 1 1 Liter Flüssigkeit pro Tag zu sich. Da keine Veränderung des Körpergewichts im Verlaufe des Rennens beobachtet wurde, wurde davon ausgegangen, dass die Flüssigkeitsbilanz ausgeglichen war. Die mittlere Natriumaufnahme lag bei 5830 mg/Tag, wobei nur gerade 860 mg durch Getränke aufgenommen wurden. Eine salzhaltige Nahrung sorgte daher dafür, dass der Athlet diese Extrembelastung erfolgreich und in gutem gesundheitlichem Zustand beenden konnte. Beim RAAM legte der untersuchte Athlet die 3000 km in 10 Tagen und 7 Stunden und 53 Minuten zurück. Die Diät dieses Athleten bestand hauptsächlich aus Flüssignahrung mit vereinzelter fester Nahrung. Die tägliche Flüssigkeitsaufnahme betrug 15,7 l. Die Natriumaufnahme betrug im Mittel 10993 mg/Tag. Dieser Athlet nahm im Laufe des Rennens 1,7 kg Körpergewicht zu. Es wird angenommen, dass diese Gewichtszunahme auf die große Flüssigkeitsaufnahme zurückzuführen ist, da innerhalb von 48 Stunden nach dem Rennen das ursprüngliche Körpergewicht wieder erreicht wurde.

## Schlussfolgerung

Im Extremausdauerbereich bei Belastungen über 24 Stunden und länger gibt es keine allgemein gültigen und wissenschaftlich begründeten Empfehlungen für die Ernährung mehr. Die meisten Ernährungsempfehlungen aus Erkenntnissen aus Laborstudien von maximal 4 Stunden Dauer sind für eine Extremausdauerbelastung unbrauchbar. Als Konsequenz muss jeder Athlet sein individuelles Konzept bezüglich Energie- und Flüssigkeitshaushalt entwickeln, welches den Trainings- und Wettkampfbedingungen angepasst und immer wieder neu evaluiert werden muss. Entscheidend ist, dass der Athlet das tägliche Energiedefizit möglichst gering halten und möglichst energiedichte Nahrungsmittel unterschiedlicher Geschmacksrichtungen aufnehmen sollte. Das Körpergewicht kann als Messparameter bei mehrtägigen Veranstaltungen approximativ zur Abschätzung des Verlusts der Energiereserve verwendet werden. Einer regelmäßigen und genügend hohen Natriumzufuhr sowie einer nicht zu hohen Flüssigkeitszufuhr müssen eine große Beachtung geschenkt werden.

# Danksagung

Die Reise um die Welt wäre ohne Sponsoren unmöglich. Deswegen will sich Sepp Resnik bei jenen Firmen und Institutionen bedanken, die ihn bei dieser Reise unterstützen:

A1
Bp
Ktm
Castrol
Askö-Wien
Novomatic
Vredestein
Erich Joham
Fujitsu-Siemens
Fila-Sportagentur Steger
Österreichisches Bundesheer
Sowie das Weingut Lehner, das Resnik einen speziellen
100 000-Kilometer-Wein mit auf den Weg geben wird.

Danke an:
H. Brand, G. Beinhardt, Dr. Bechel
H. Dichand, K. Deutschmann, P. Deinhofer
H. Egger
G. Führing, W. Fally, A. Fuchs
E. Hallas, H. LOG Wien und deren Mitarbeiter, C. Höchner,
G. Herold, HSP – der ganzen Belegschaft, R. Hofer
F. Kollmann, H. Kopitz, G. Krims
Familie Lietz
R. Messner, R. Maier, B. Metzger
G. Nöhrer
R. Pachler
Sepp und Getrude Resnik, meine Eltern
Eva und Peter Resnik, meine Geschwister
B. Schasching, H. Schackl, W. Schneider, E. Schaffer,
S. Spießberger, M. B. Segmann, P. Schlauff, S. Steeger,
M. Stermschegg, L. Specht, D. Sitz, M. Stettner
G. Trubatsch, F. Titzer, H. Trautsch
H. Völker
M. Waymann, P. Wittmann, F. Wiedermann, F. Wohlfart,
die Belegschaft des Weißen Hofes

Thomas Rottenberg bedankt sich bei allen für dieses Buch Interviewten, bei den Mitarbeitern des Textarchivs der Tageszeitung »Der Standard« und Andrea Starl

## Sepp Resniks Lebensmotto

I tua nimmer hetzen, mach mir kann Stress,
erledig net so viel, dass i mi derstess,
i verursach mir nimmermehr so einen Druck
und schalt ab jetzt lieber einen Gang z'ruck.
Ab sofort nimm i mir für's Leben Zeit,
denn der Friedhof is voll mit »wichtige Leut«.

Christine Frey, September 2005